日蓮誕生

いま甦る実像と闘争

江間浩人

Ema Hiroto

論創社

はじめに

――日蓮は、一二二二（承久四）年二月十六日、安房国の東条郷（千葉県鴨川市）の漁村で誕生しました。父は貫名重忠、母は梅菊。「日蓮は、安房国・東条・片海の石中《いそなか》の賤民が子なり」、「海辺の旋陀羅《せんだら》が子なり」、「東条郷・片海の海人が子なり」と述べているので、漁師の子か漁村の役人の子です。

幼いころから頭脳明晰で、両親は日蓮を出家させ、京都などに遊学させました。当時の仏教をすべて学んだ日蓮は、「南無妙法蓮華経」と唱えれば誰でも成仏できる、と悟ります。安房に戻り、一二五三（建長五）年四月二十八日、清澄寺でこの教えを説き始めました。

ところが、この教えは念仏を唱える人々からの激しい反発を受けます。安房から逃れた日蓮は鎌倉でこの教えを広め、幕府にも「立正安国論」を書き送り、正しい教えに帰依するように迫りました。しかし鎌倉でも日蓮は弾圧され、一二六一（弘長元）年には伊豆に、一二七一（文永八）年には佐渡に流罪されます。佐渡に流される前には斬首されそうにもなりました。

一二七四（文永十一）年に赦免された日蓮は再び幕府を諫めますが、聞き入れられないと身延山に移り住み、約八年間、数多くの弟子や門下の育成につとめました。やがて体調を崩した日蓮は常陸の国に向かう途中、一二八二（弘安五）年十月十三日に池上の地（東京都大田区）で六〇年の生涯を閉じました――

以上が、一般に知られている日蓮の略歴です。しかし、ここで二つの大きな疑問にぶつかります。一つは、日蓮は本当に「賤民の子」と自称するような一介の貧しい漁師や役人の子なのだろうか、という点です。

当時は現在と比較できない階級社会です。有力な御家人でさえ文字の読み書きには不便をし、京から公家の家臣を抱えています。当然、漁民・農民に文字の素養はありません。出家など論外です。そうしたなか日蓮が万が一にも出家できたとして、そんな無名の僧をなぜ幕府は二度までも流罪にする必要があったのか。流罪にするということは、幕府がその影響力を認め、政治的に処分したということです。しかも、流罪によって日蓮は教説を改めてはいません。にもかかわらず、幕府は二度とも赦免しています。これは、幕府にとって日蓮の教えが問題だったのではない、ということを示しています。日蓮が考えを改めないのに幕府が赦すということは、流罪した理由も、赦免した理由も教説以外にあったはずなのです。その理由は、実は日蓮とその一門が持つ政治力だったのではないか。だとすれば、日蓮は自称するような無名の家の出ではなかったのではないか。これが第一の疑問です。

もう一つは、幕府から弾圧を受けながらも日蓮が広めようとした「南無妙法蓮華経」とは何なのか。さらに日蓮が書き表した「南無妙法蓮華経」の曼荼羅は、どういう意味を持つのか。そもそも日蓮は何を目指していたのか。日蓮は日本仏教の宗派教祖の中で、唯一、関東出身の僧です。そして宗派名に教祖の名前を持つのも、唯一、日蓮宗だけです。武家政権が上皇・天皇を流罪にし、蒙古が襲来するという前代未聞の時代に、日蓮という強烈な個性に引き寄せられた一門が度重なる弾圧に屈せずに貫こうとした信仰とは、いったいどのようなものだったのか。後世が加えた上書きを消すと、どういう信仰の原形が現れるのか。その信仰は、当時の幕政とどのようなかかわりを持つのか。これが第二の疑問です。

本書に収録した論考は、この二つの疑問から出発し、それに答えを出そうとしたものです。結論は、冒頭で紹介したこれまでの日蓮像とは随分かけ離れたものになりました。と同時に、学術的な日蓮研究は新たな鎌倉史を拓く可能性があることも示せたのではないかと思います。

各論考について紹介します。「Ⅰ　日蓮の出自について」、「Ⅱ　日蓮と将軍家」は初めて発表するものです。「Ⅲ　日蓮と政治」は二〇一六年『法然思想』四号（草愚舎）に掲載しました。不十分な考察もそのまま残し、最少の改訂に留め再録しました。「Ⅳ　日蓮仏法論」は二〇一六年から翌年に掛けて論創社ホームページ「論創通信」に「ミステリーな日蓮」として連載したものです。新たに注記を付しました。

日蓮誕生――いま甦る実像と闘争　目次

I　日蓮の出自について

日蓮誕生——いま甦る実像と闘争

Ⅰ　日蓮の出自について

はじめに

鎌倉期の日蓮研究には、大別して二つの視点が想定される。一つは、主に教義・教理を中心にした宗教学・思想史的な視点、あと一つは門弟を含め、教団の運動や政治動態に焦点を当てた歴史学・政治史的なそれである。

先に「日蓮と政治」（『法然思想』四号、草愚舎、二〇一六、本書所収）において、この二つの視点を踏まえて新たな日蓮像を提示したが、その際、日蓮の出自に関する考察の不足を痛感した。日蓮は二度の流罪にみられる通り、幕府から強い圧迫を受けつつ、しかも二度とも赦免されている。この幕政の振幅は、日蓮の宗教的態度の変化が原因ではない。無法な処刑や殺害の企てを日蓮に与力する政治力が防御したのを考慮すれば、幕府中枢での親日蓮派と反日蓮派の政治力学が影響した結果であろう。では、日蓮はなぜ幕府の中枢を二分する立場に身を置いたか。この疑問に先の論考では答えが出せなかった。

日蓮が幕政中枢の政治力学に直接影響を受けるのは、その出自が幕政と無縁ではないということである。無名の僧の悪口を封じるのに、幕府がこれほど苦慮するとは思えない。日蓮の出自について以前から父は貫名氏、母は清原氏として、近年でもそれを踏襲している。川添昭二氏は浅井要麟氏の「日蓮聖人家譜の研究」を取り上げて、日蓮宗内での伝承で、父を貫名重忠、母を清原氏としてきたことを注釈なく紹介する。(1) しかし、浅井氏の詳細な研究の結論は、次の通りである。

「長禄・寛正から文明年代(一四五七−八六)へかけて、相前後して現れた聖人の姓氏系譜に関する根本史料の間には、一貫した定説がない。(中略)根本の史料既に然りである。これに追随し敷衍した諸説が入り乱れて、異説紛々たるも寧ろ当然というべきである。思うにこの事実は伝説発生の当時に於て確乎たる定説なく(中略)その人と處とを異にするに従って、遂に異説紛々たるに至った経路を暴露するものである。然るにそれ等の異説は次第に統一せられ、その矛盾は漸く整理せられた跡の歴然たるものがある」(2)

日蓮没後二〇〇年前後を起源とするいずれの系譜伝にも根拠がなく、その後のものは操作した伝記であることが明らかだ、というのだ。そこで本論では、これまでの研究とは違う視点から、日蓮の出自を探ってみたい。最初の視点は、日蓮の教線である。特に、日昭と日朗の二人の高弟に注目する。日蓮の葬列でも二人の地位は特別で(3)(巻末「史料1」参照）、それは日蓮との血筋に関係していると思われる。

　次に、最初の流罪地である伊東について考えてみる。この地は二度目の流罪地である佐渡と違い、政治的隔離として本貫地だった可能性が高いと思う。また日蓮が育ったとする安房についても考察する。

序説

　本論に入る前に、以前「日蓮と政治」でみた考察を整理しておく。

　まず、日蓮の出自については、安房国長狭郡東条郷の片海の「旃陀羅が子」という日蓮の言及があるだけで、詳細は分からない。しかも「旃陀羅が子」との自称も、実際の立場を指しているとは思えない(4)。

　理由のひとつは、日蓮がもつ文字の素養である。日蓮の特にその幼少期は、御家人に文盲がいた時代だ(5)。土地や領主に付属し、売買の対象でもあった庶民（下人・所従・田夫）に文字の素養はなく、出家もありえない。

二点目に、日蓮に乳母の存在が認められる点である。(6)

三点目に、漁事・海事に関心を寄せ、下人や銭貨の使用に慣れるばかりか、名馬や名刀を愛でる態様である。日蓮自身、移動は騎乗だと思われる。(7)

以上から推測できるのは、日蓮の家は生粋の坂東武士ではなく、文字の素養がある貴族出身の在所役人か御家人にちがいない。

次に弟子・檀那について考察した。日蓮の弟子も由緒正しい家柄である。日昭は伊東氏で、工藤祐経の孫であり、日朗も清和源氏の流れを引く平賀氏であるという。日昭は材木座の祐経邸跡に実相寺を創建し墓所を留め、日朗は平賀邸跡に本土寺を創建している。

一方、檀那には、漢文書簡を送った七名の門下がいる。池上宗仲、富木常忍、太田乗明、曾谷教信、波木井三郎、大学三郎、妙一尼である。(8)得宗被官の南条時光や、武家の四条金吾に漢文書簡は送っていない。檀那の中に貴族の家柄が存在したことを確かめた。

さらに、日蓮の葬送を確認し、(9)その葬列から檀那の社会的階層を考えた。日蓮門下は将軍家から名門御家人の家臣を包摂する社会階層だった。日蓮の経済力にも、焦点を当てた。日蓮は、後に身延山に一〇〇人を超える弟子らを抱え、五〇〇畳を超す大坊を建設するなど、(10)経済的にも豊かだった。日蓮の遺物も馬六頭、銭二六貫文、小袖一八着等あり、(11)やはり有力御家人に比せる。以上のことを踏まえたうえで、前論では日蓮の出自について、次のように結論した。

「日蓮の弟子は、その布教を自らの血縁を中心に行っている。[12] 日蓮の教線も、日蓮自身の血縁から伸びたものとみて間違いなかろう」

次節から日蓮の出自を探求する。

日昭と日朗

日蓮の弟子の中でも、抜きんでた存在だったのが、日昭である。残された最大級の曼荼羅は、日昭あてのものだ。日昭の経歴については伝承が残る。[13] 後世のもので、慎重な検討は必要だが、まったくの創作とは考えられない。

それによれば、日昭は下総国海上郡印東領能手の人で、父は印東二郎左衛門尉祐照（祐昭）、母は工藤祐経の娘とも伊東祐時の娘ともされる。[14] 父の印東祐照は、伊東四郎成親の孫とある。印東祐照も伊東成親も詳しいことは分からないが、成親は一一八九（文治五）

年七月の奥州合戦に源頼朝の御供として騎馬で参陣した一四四名の中に、その名がある。[15]日昭の「昭」は、父の祐昭からの一字をとったことは容易に推定される。同時に日昭の阿闍梨号である成弁阿闍梨の「成」も、曾祖父からのものだろう。成親の奥州参陣は頼朝への忠義の証であり、語り継がれたに違いない。

一方、母は工藤祐経か伊東祐時の娘とされるが、祐経は『曽我物語』では極悪人である。日昭には兄と姉妹がいる。兄は印東三郎左衛門尉祐信、姉は池上左衛門大夫康光に嫁し、宗仲・宗長の兄弟を産む。また、妹は平賀有国に嫁して日朗の母となる。有国は早世し、日朗の母は同じ平賀氏の大内忠治のもとに日朗を連れて嫁ぐ。[16]忠治との間に生まれたのが、後に京で布教に努める日像である。[17]

このうち日蓮の書簡から門下と確認できるのが、日昭の父母・兄・池上兄弟・日朗である。池上兄弟と日朗はともに日昭の甥になる。以上の理解は、多少の異説はあるものの、定説とみて次に進む。なお、日朗が開山となる平賀本土寺は、大内忠治の館跡とされる。

両人御中御書

日蓮の書簡に「両人御中御書」がある。大国阿闍梨（日朗）・衛門大夫志（池上宗仲）に与えた一二七九（弘安二）年ないし一二八〇（弘安三）年十月二十日の書簡である。[18] 真蹟は京都妙顕寺に残り、二紙二三行の短いもので、日蓮の書簡ではめずらしく冒頭に端書がある。折りたたんだ際、表書きとなるよう、本書の主旨を示したものと思われる。

ゆづり状をたがうべからず

大国阿闍梨・ゑもんのたいう志殿等に申す。故大進阿闍梨の坊は各々の御計らひに有るべきかと存し候に、今に人も住せずなんど候なるは、いかなる事ぞ。ゆづり状のなくばこそ、人々も計らひ候はめ。くはしくうけ給はり候へば、べん（弁）の阿闍梨にゆづられて候よしうけ給はり候き。又いぎ（違義）あるべしともをぼへず候。それに御用ひなきは別の子細の候か。其子細なくば大国阿闍梨・大夫殿の御計らひとして弁の阿闍梨の坊へこぼ

（毀）ちわたさせ給ひ候へ。心けん（賢）なる人に候へば、いかんがとこそをもい候らめ。弁の阿闍梨の坊をすり（修理）して、ひろ（広）く、もら（漏）ずば、諸人の御ために御たからにてこそ候はんずらむめ。ふゆはせうまう（焼亡）しげし。もしやけ（焼）なばそむ（損）と申し、人もわらいなん。このふみ（文書）ついて両三日が内に事切て各々の御返事給ひ候はん。恐々謹言。

十月二十日　　　　　日蓮花押

両人御中

大進阿闍梨（日蓮の弟子）の生前の譲り状の通り、なぜ彼の坊を弁阿闍梨（日昭）に渡さないのか、と日蓮が日朗と宗仲に迫っている。「御用ひなきは別の子細候か」「心けん（賢）なる人に候へば、いかんがとこそをもい候らめ」「人もわらいなん」「両三日が内に事切て各々の御返事」との文面から、日蓮の強い苛立ちが伝わる。

坊の所有者は大進阿闍梨であった。土地ではなく、坊を譲るのであるから、速く解体して日昭のもとに届けろ、と日蓮は迫る。

日蓮の主張は正当に思えるが、一つ大きな疑問がある。日蓮の立ち位置である。日蓮は門下に対して数多くの文書を残している。そのすべてが信仰に関係する激励や教示、供養に対する礼状である。ところが、この一書だけは、坊の移設に関することに終始する。もちろん、坊は教団の拠点となるから信仰と無関係ではないが、しかし、それは所有権が絡む問題である。たとえ弟子・檀那とはいえ、日蓮が口を差し挟める問題だったのか。

しかも、譲られる日昭と、叱責を受けている日朗・宗仲は親族である。日昭の甥の二人に、日蓮はどのような立場から強い指示をし得るのか。この文書は、「ゆづり状をたがうべからず」との表題から明らかなように、法的な権利の執行を強く求めたものだ。日蓮自身と日昭・日朗・宗仲の三者との親族関係を想定して、はじめて成立するものではないのだろうか。

妙一尼

日昭の母は、工藤祐経の娘もしくは祐経の子・伊東祐時の娘とされ、妙一尼と呼ばれた。日蓮が漢文書簡を送った七名のうちの一人である。

工藤祐経は一一六六（仁安元）年、京都で平重盛を烏帽子親として一五歳で元服し、一一七二（承安二）年には後白河院の武者所に出仕した。[19] その教養を頼朝は深く愛し、『曽我物語』では「随分の稠《きり》の者」とされた。寵愛を受けて権勢を誇っているもの、という意味だろう。妙一尼を祐経の娘とする説では、尼は長女として治承中（一一七七－八一）に京都で生まれたという。当然、父から教養を受け継いだろう。

妙一尼は、「さじきの尼御前」とも呼ばれた。[20] 夫の印東二郎左衛門尉祐照[21]が頼朝の近臣で、将軍が由比が浜の眺望を楽しむため高台に作った桟敷を管理しており、桟敷殿といわれた。後に嫡男・印東左衛門尉祐信が家督を継ぎ、桟敷の管理を担った。その妻を「桟敷の女房」という。[22] 祐信と桟敷の女房の墓所は、頼朝の乳母・比企氏の館があった比企が谷の南側の高台に残る。父・祐照が、奥州参陣の成親の孫であれば、合点のいく話である。[23]

日蓮には幼少時代を回顧し、ともに懐かしむ女性門下が存在する。特に多くの叙述を残すのが、妙一尼と光日尼の二人だ。妙一尼は日蓮への思いがことに強く、佐渡流罪中の日蓮に下人を送って便宜を図っている。日蓮が妙一尼に送った書簡をみたい。一二七五（建治元）年五月に身延から宛てたものである。[24]

「此御房はいかなる事もありて、いみじくならせ給ふべしと、おぼしつらんに、いうかいなくながし失《うせ》しかば、いかにやいかにや法華経・十羅刹はとこそをもはれけんに、いままでだにも、ながらえ給ひたりしかば、日蓮がゆりて候し時、いかに悦ばせ給はん」

幼少の日蓮をみて、将来の大成を楽しみに思ってきたのに、佐渡に流され無き者となり、法華経も十羅刹もどうして力を出さないのかと嘆いてきたが、いままで生きながらえたので日蓮が赦免された時には、どれほどか喜ばれたことだろう、と綴っている。

妙一尼が、日蓮を幼少から見続け、支援してきたことがうかがえる。

「故聖霊は法華経に命をすててをはしき。わづかの身命をささえしところを、法華経のゆへにめされしは命をすつるにあらずや」

故聖霊とは、妙一尼の夫・祐照のことである。祐照は、一二七一（文永八）年九月に日蓮と門下を襲った弾圧の渦中に、所領を召し上げられたと想定できる。その後、祐照は死亡したのだろう。

「さどの国と申し、これと申し、下人一人つけられて候は、いつの世にかわすれ候べき。此恩はかへりてつかへ（仕）たてまつり候べし」

佐渡と身延に、妙一尼が一人の下人を送ったことに日蓮は深く感謝する。この書簡から、日蓮と妙一尼に親族関係を想定するのは不自然ではない。しかも、幼少から日蓮の成長を目にしてきた年長の女性で、伯母または姉を想定していいだろう。

一二七七（建治三）年に妙一尼が馬で身延の日蓮を訪ねた際、日蓮は「此馬も法華経の道なれば、百二十年御さかへの後、霊山浄土へ乗り給ふべき御馬なり」と記す。[25]「百二十年御さかへ」との一言に、妙一尼の長命を寿ぐ日蓮の思いが表れる。伯母であれば九七〜一〇一歳で、度を超えた表現ではない。日昭は一〇三歳まで生きており、長命な家系だったのだろう。一方、日蓮は当時五六歳で、姉とするのは年齢的に無理がある。

妙一尼は日蓮の伯母で、工藤祐経の長女としていいと思う。日昭は祐経の館跡に住み、墓所を留めている。

伊東一族

日蓮は、一二六一（弘長元）年五月に伊東に囚われた。伊東での預かりは、伊東八郎左衛門尉祐光だとされる。伊豆川奈の船守弥三郎に宛てた書簡に、

「当地頭の病悩について、祈せい申すべきよし仰せ候し間、案にあつか（扱）ひて候。然

れども一分信仰の心を日蓮に出し給へば、法華経へそせうとこそをもひ候へ」[26]

とある。病に苦しむ地頭から祈祷するように言われて思案したが、日蓮に一分の信仰心を示したので法華経に訴えることにした。地頭の病は治り、仏像を与えられた、という。

次に、日昭に宛てた書簡である。

「伊東の八郎ざえもん、今はしなの（信濃）のかみ（守）はげん（現）にしに（死）たりしを、いのりいけ（活）て、念仏者等になるまじきよし明性房にをくりたりしが、かへりて念仏者真言師になりて無間地獄に堕ぬ」[27]

日蓮の書簡で、祈って命を長らえたと書くのは、これ以外に「母の寿命をのべた」とする一例しかない[28]。前者の地頭と伊東八郎左衛門は同一人物とみてよかろう。また、他の書簡にも「弘長元年辛酉五月十二日には伊豆国伊東の荘へ配流し、伊東八郎左衛門尉の預かりにて三箇年也。同しき三年癸亥二月二十二日赦免せらる」とある[29]。

ところで、なぜ日蓮は配流されたのか。原因は一二六〇（文応元）年七月十六日の「立正安国論」の提出とされてきた。しかし、日蓮の処分は翌年の五月で、少し間があり過ぎる。「立正安国論」で批判された念仏者たちは要人と謀って、一か月後の八月二十七日に日蓮を襲撃したという。鎌倉市中で騒動があるのに、その処分に一〇か月が必要だろうか。

むしろ、配流翌年の叡尊の下向との関連を考えたい。

北条氏は一二六一（弘長元）年、律僧・良観房忍性を新清涼寺に迎えたが、忍性からその師である叡尊の高名を聞いた時頼・金沢実時は叡尊を鎌倉に招こうとした[30]。北条一門は授戒を強く切望していた。下向の検討がはじまった時期は不明だが、同年十月、金沢実時が奈良西大寺に念仏者を使者として送る。十一月六日の極楽寺重時の葬儀では忍性が導師を務めた[31]。十二月には時頼が寺領の寄進を申し出て、叡尊はそれを断り[32]、翌年一月に時頼と実時が、改めて念仏者を立て下向を懇請した。懇請の理由は次の通り。

「近年、鎌倉では僧侶同士が争論し、在俗の者たちの性根も益々猛々しくなって、因果の理法をわきまえていない。是非、叡尊上人の化導によって安穏にしたい」

高木豊氏はこの僧侶の争論に、日蓮と念仏僧・道教房念空の法論を想定した[33]。現在、確認できるのは一二六一（弘長元）年十二月の内容だが、懇請理由が二転三転するとは考えられない。当初から日蓮の争論は問題視されていたと思われる。

叡尊に高評価を得ることは、京と鎌倉の力関係に直結する政治問題だった。北条氏は、周到に準備を進めたはずである。ところが日蓮は鎌倉で盛んに「念仏は無間地獄の所業」と訴えている。叡尊下向の立役者である忍性は、念仏も唱導していた。叡尊に懇請する際の使者も念仏者である。政権が日蓮を鎌倉から遠ざける判断をしたのは当然だろう。

日蓮は、「長時武蔵の守殿は極楽寺殿の御子なりし故に、親の御心を知りて理不尽に伊豆国へ流し給ひぬ」(34)として、執権長時の配流決定は、親の重時の心を知っていたからだ、とする。「両火房は百萬反の念仏をすすめて人々の内をせきて、法華経のたねをたたんとはかるときくなり。極楽寺殿はいみじかりし人ぞかし。念仏者等にたぼらかされて日蓮を怨ませ給ひ」(35)。忍性は念仏を勧めて人々を囲い、法華経の種を断とうとした。重時は素晴らしい人だが念仏者に騙されて日蓮を怨んでいた、という。重時は、一二六一（弘長元）年十一月に亡くなる。発病当初から、ひたすら念仏を唱えての臨終だった(36)。忍性に厚く帰依していた証だ。その後の日蓮との敵対関係を考えると、叡尊下向を検討した当初から、忍性は日蓮の放逐を迫っていた可能性がある。

日蓮は、伊東への放逐について、「日蓮去る五月十二日流罪」、「禁獄を被る法華の持者」、「此の流罪の身になりて」、「弘長元年辛酉五月十二日に御勘気をかうぶりて、伊豆の国伊東にながされぬ。又同しき弘長三年癸亥二月二十二日にゆりぬ」とあり、流罪・禁獄と認識している(37)。そして一二六三（弘長三）年二月二十二日、わずか一年九か月あまりで赦免されている。

この間に幕府は叡尊を鎌倉に迎え、数多く授戒され、京に帰している。特に北条一門の叡尊への帰依は著しかった。(38) 日蓮の伊豆流罪は、明らかに日蓮を鎌倉から一時的に遠ざける目的で行われており、幕府に日蓮の処刑という意思はなく、伊東から戻った日蓮も宗教的態度に変化は見られない。

幕府は、御家人への処罰として、しばしば鎌倉からの放逐を命じ、その政治活動を停止させた。後の日蓮の評定でも、「御評定に僉議あり。頸をはぬべきか、鎌倉をおわるべきか」(39) と鎌倉追放が挙がっている。その場合の放逐先が本貫地の場合がめずらしくない。鎌倉での政治活動の停止が目的だから、自分の本領に戻り、大人しくしていろ、ということだ。牧氏の乱や宮騒動・霜月騒動で配流された北条時政や江間（名越）光時・金沢（北条）顕時も、本貫地の伊豆の北条邸や江間邸(40)・下総国埴生庄に追放された。それから類推して、日蓮が流された伊東は、実は日蓮にとって本貫地ではなかったのか。

日蓮は伊東にいる間に、本朝沙門日蓮として「教機時国抄」と「顕謗法抄」の論文を仕上げ、その後の宗教活動の理論武装に努めている。手元に置いた経典・注釈書の資料も多かったに違いない。紙料や筆・硯をはじめ必要な物資もそろい、学究生活を送るにふさわしい静謐な環境が整えられていた。

佐渡でも身延でも、日蓮には弟子が身近にいて、下人が細々と世話を焼いている。伊東でも、同様の生活が担保されたはずだ。佐渡では、日蓮の身柄を預かった本間六郎も一の谷入道も、命を狙う者から日蓮の身を護った。処分者の安全を守り、処分を完遂する。それが、身柄を預かる者の役割だった。伊東では、祐光にその責があり、幕府には祐光に預ける理由があった。それは、日蓮の本貫地だったからと考えるのが自然である。

日蓮の居宅

現在、伊東氏の館跡は、物見塚公園と伊東市役所になっている。その敷地の北東側に仏現寺があり、ここに日蓮の草庵跡がある。

伊東祐光は鎌倉で将軍御所に出仕する。一二五二（建長四）年四月三日、前将軍頼嗣の帰洛に路次奉行で随兵し、一二六一（弘長元）年八月五日には病を理由に出仕を辞退した（『吾妻鏡』）。日蓮は同年六月中旬に伊東館の脇に移っている。[41] 出仕辞退は日蓮の移動か、祈祷を依頼した病との関連だろうか。

伊東館は物見が丘の高台と隣接する高地にある。相模湾から三浦半島や房総半島も一望でき、中国大陸との貿易で栄えていた港湾を見渡せる。(42) 裏手に、今も伊東の祖と仰がれる伊東祐親の墓が残る。

日蓮の居宅には、ある特徴がある。鎌倉名越の草庵は、妙法寺・安国論寺として残り、佐渡の一の谷には妙照寺が残る。身延にも草庵跡がある。いずれも谷戸で敵の襲撃を受けた際の防御にすぐれた場所を選ぶ。草庵前に川が流れ、背後に山を抱える。入り口は狭く、最奥の草庵までは急な階段や勾配、曲折があり、要所要所に警護所と思われる建物を配置する。要所の曲折は右折ないし右回りで、騎乗での矢が打ちにくい。これらは鎌倉の御家人屋敷にも見られる特徴だ。(43) 敵の奇襲に備えたのは明らかで、背後の山の尾根を伝って逃げる小道も用意された。日蓮の伊東の居宅跡も同様の特徴を備える。(44) 広さだが、たとえば梶原景時の館は約五〇坪ほどだった。(45) 日蓮の草庵跡も身延では一〇〇坪近くあるが、鎌倉・伊東・佐渡では景時館と同程度の広さだ。当時の庶民が、地面を掘って板壁をはめた掘立て住居だったの(46) とは比較できない堅牢な要塞である。

この草庵の建造には、相当の時間と費用が必要だ。日蓮は本格的な居宅に入る前に、一定の時間を別の場所で過ごす。安房を出た日蓮は、鎌倉に入る前に下総に腰を下ろした。

伊東では川奈の船守弥三郎に三〇日ほど世話になり、佐渡では塚原から一の谷に移る。身延でも鎌倉から到着して一か月間、居住までに時を過ごす。[47] これらは、草庵の建造にかかった時間ではないか。[48]

ただし、伊東には他の三か所と違う点がある。それは、日蓮の居宅が敵の奇襲を受けた際、逃れる山側の上に伊東館があり、居宅の坂下、川沿いにも複数の一族の館が配置されていることだ。伊東一族で日蓮を抱える。このような伊東氏の姿勢は、親族関係を想定せずに成立するだろうか。日蓮と祐光の親族的結合を考えるのが自然だろう。

日蓮の出自

これまでの考察を前提に、日蓮の出自を考えたい。条件の第一は、妙一尼を伯母に持つ人物である。第二に、伊東八郎祐光が日蓮を預かるのにふさわしい立場にあることだ。そこで伊東氏の系図を紐解く（**表1、四六頁参照**）。妙一尼の弟に伊東祐時がいる。従五位上大和守の伊東三郎左衛門尉祐時である。頼朝から寵愛された工藤祐経の嫡男で、童名は犬房丸。祐経が曽我兄弟に打たれ、討ち手の五郎時致を頼朝が助命しようとした際、九歳だった犬房丸が泣いて異議を唱え、五郎は工藤家で処分された。『曽我物語』、『吾妻鏡』でも著名な人物だ。

祐時は、その後も頼朝から特別扱いを受け、元服では頼朝が烏帽子親となり、千葉介常重の幕紋月星九曜を譲るように命じた。(49) 祐経亡き後、伊東祐親・祐清が治めた伊東荘を本領として伊東氏を名乗り、『吾妻鏡』にも多数の記事が残る。(50) 特に注目すべきは、将軍側近としての活躍だ。

一一九七（建久八）年三月に犬追物の奉行を一三歳で勤め、(51) 一二一六（建保四）年に三代将軍実朝の六字河臨法の仏事に供奉し、一二一九（承久元）年正月二十七日の鶴岡八幡宮参詣にも供奉。実朝の暗殺に遭遇する。(52) 同年七月に四代将軍頼経となる三寅の鎌倉下向にも供奉しており、一二二一（承久三）年六月の承久の乱では東海道軍に参陣した。(53) 隠岐に流される後鳥羽上皇を幽閉先から護送する。戦乱を通じ御家人の所領は西国に拡大したが、伊東氏も西国各地に所領を有し、名実ともに大御家人に成長した。(54) 一二二七（安貞元）年五月の京都大内裏焼失では将軍の使いとして上洛する。

幼かった頼経に仕えた祐時は、頼経の成長とともに親密の度を増していく。一二三〇

（寛喜二）年正月に頼経は、院宣によって内裏滝口（身辺警護所）を経験のある一一家の子息が担当するよう命じ、祐時も選ばれた。一二三一（寛喜三）年正月の鶴岡八幡宮への参拝では将軍還御の使いをし、翌一二三二（貞永元）年八月十五日の鶴岡放生会では将軍警護の検非違使五人のうちに選ばれている。『吾妻鏡』は「供奉の廷尉は五人に及ぶ。関東においては未だ例あらず。基綱・祐時・祐政（已上五位）、盛時・光村（已上六位）等なり」と特筆している。祐時は、将軍実朝・頼経の「家の子」だったといえるだろう。将軍の「家の子」の評価については、細川重男氏が提示し本郷和人氏が支持したもので、一般御家人や源氏一門の門葉よりも将軍に近いごく少数の厳選された親衛隊である。(55)

祐時の最初の妻は土肥遠平の娘で、ここには深い因縁がある。曽我兄弟の仇討にいたる工藤祐経と伯父・伊東祐親との対立の象徴は、祐親が一度は祐経に嫁がせた娘を、勝手に土肥遠平に再嫁させたことだ。その遠平の娘が、祐経の嫡男の妻となる。過去の遺恨を超えた両家の和解だった。

ただし、この結婚で生まれた男子は伊東の名門を継承しなかった。祐時が後継を指名せずに亡くなり、将軍家が六男・祐光を惣領に指名したのだ。将軍家が登場するのは異例だろう。官位は従五位下、信濃守の伊東八郎左衛門尉祐光。母は三浦氏とも千葉氏ともされる。

私は、日蓮は伊東祐時の子であると考える（**表2、四七頁参照**）。日蓮が祐時の子なら、伊東の本貫地を継いだ祐光が日蓮の預かりに任たるのが最も自然である。祐光が日蓮の肉親であればこそ、自身の館の懐《ふところ》に居宅を準備し、敵の多い日蓮の身を最善の防衛で守ったのではないか。

別の視点から見たい。日蓮の弟子の名前は、先の日昭の場合と同様、親の一字を取ることが多い。それは阿闍梨号でも同じだった。例えば日朗。父は平賀有国とされる。『尊卑分脈』では有国の父・有資までしか辿れないが、日蓮が日朗におくった阿闍梨号は大国阿闍梨だった。平賀氏は有義、有資と続く「有」を通字とするから、個人を特定しやすい有国の「国」を日朗に与えたと考えられる。

生前の日蓮には、阿闍梨号を持つ弟子が八名いた(56)。弁阿闍梨日昭・大国阿闍梨日朗・白蓮（伯耆）阿闍梨日興・蓮華阿闍梨日持・大進阿闍梨・大和阿闍梨・助阿闍梨・大弐阿闍梨である。日昭・日朗に加えて、先に「両人御中御書」でみた大進阿闍梨も日蓮の親族と思われるが、それ以外に果たして親族は存在しないのだろうか。問題は、大和阿闍梨・助阿闍梨・大弐阿闍梨の三名だ。

大和守は、祐時の守護職である。これを名乗りとした大和阿闍梨は、祐時の直系に違いないだろう。また、助阿闍梨は伊東氏の通字の祐《すけ》である。通字なので、個人を特定するのは難しいが、伊東氏とみていいと思われる。そして大弐阿闍梨だ。伊東氏の系図をみると、実は日蓮を預かった伊東祐光の息子に大弐阿闍梨良海という人物がいる。良海は、祐の通字を使ってないので出家後の名で日蓮の蓮長にあたるものだろう。日蓮の教線が、まず親族に伸びたのは間違いないと思う(57)。

真名本『曽我物語』の最古写本が伊東氏の通字をもつ日助によるもので、日蓮宗妙本寺に伝わったのも偶然ではない(58)。

母の血筋

では、日蓮の母は誰を想定できるか。祐時には系図で、祐朝・祐盛・祐綱・祐明・祐氏・祐光・祐景・祐忠・祐頼・鷺町主・伊東院主の一一男と七女がいる。そのうち母が分かるのは六人。土肥遠平の娘を母とする祐朝・祐綱、佐伯氏を母とする祐明、三浦氏か千葉氏か土御門大臣の娘を母とする祐光・祐頼、千葉氏か妾を母とする祐景である。

以前から指摘されているのが、日蓮と千葉氏との関係の深さだ。日蓮は富木・太田・曽谷など千葉氏と縁の深い門下と終生、強く連帯し、安房を追われた際も下総で鎌倉に向かう準備を整えている。連署だった重時を背後に持ち、日蓮を追った東条氏にはばかることなく、下総で日蓮が安全に過ごせたのは千葉氏の庇護があってのことだろう。(59)

さらに、一一代当主・胤宗と宗胤の兄弟は一二七六（建治二）年に父・頼胤の一周忌に日蓮から曼荼羅を送られ、(60)宗胤の嫡子・胤貞は子息を中山法華経寺の第三祖とする。千葉氏には、頼胤の時代から日蓮との直接的な交流が想定される。日蓮が立正安国論を与えた八木胤家は、頼胤の幼少時に後見だった相馬一族だ。(61)日蓮の親族に千葉氏と結ぶ血縁があったと連想させる。日蓮の父・祐時の母は、頼朝が父とも慕った千葉常胤の娘であり、祐時自身も頼朝の命で千葉常重の幕紋を譲られた。祐時の子で母に千葉氏の名があがる者に、祐光・祐景・祐頼がいる。伊東氏と千葉氏の血縁は深いが、それは頼朝が望んだ結果だったと思われる。

日蓮が自身の母に触れた貴重な書簡がある。尾張刑部左衛門尉殿女房に宛てた一二八〇（弘安三）年十月二十一日のものだ。(62)冒頭「今月飛来の雁書に云く、此十月三日、母にて候もの十三年に相当れり。銭二十貫文等云々」とあり、母の一三回忌と、その供養が述べられる。そして、父母の恩の重さを語り「母の御恩の事、殊に心肝に染みて貴くをぼへ候」、「母の御恩忘れがたし」として、その孝養の重要性を強調した上で、法華経こそ釈尊が孝養のために説いた経であり「日蓮が心中に第一と思ふ法門也」と記す。

さらに「日蓮が母存生してをはせしに、仰せ候し事をもあまりにそむきまいらせて候しかば、今をくれまいらせて候があながちにくや（悔）しく覚へて候へば、一代聖教を撿《かんが》へて母の孝養を仕らんと存し候間、母の御訪《おとぶら》ひ申させ給ふ人々をば我身の様に思ひまいらせ候へば、あまりにうれしく思ひまいらせ候」と述べる。生前にできなかった孝養を日蓮に代わって行ったことへの感謝を伝えており、「母の御訪ひ」とは墓参の意だろう。この書は、刑部女房が日蓮の母の一三回忌を報告し、その返書だと理解できる。刑部女房と日蓮は親族にちがいない。

そこで伊東氏の系図で刑部左衛門を探すと、祐時の八男・祐頼がいる。(63) 祐頼は祐光と同母を持つ。日蓮と祐光・祐頼は兄弟になる。これに祐景を加えることも可能だ。「母の御訪ひ申させ給ふ人々」は、彼らの墓参を指すにちがいない。この墓参で「定めて過去聖霊も忽に六道の垢穢を離れて霊山浄土へ御参り候らん」と日蓮は記している。(64)

一方、日蓮の書簡で、日蓮を昔から支援してきたと分かる女性に富木常忍の妻がいる。「たうじ（当時）とてもたのしき事は候はねども、むかしはことにわびしく候し時より、やしなはれまいらせて候へば、ことにをん（恩）をもくをもいまいらせ候」[65]とある。『御書略註』は、富木常忍の母は千葉胤正の娘で「下総局」と呼ばれたとする。[66]「胤正は実朝公に給仕し玉ふ、然るに中山四郎重政和田義盛に同意する故に処領を召し上られ、其の跡を下総の局尼等並に問注所の奉行等に賜はる。富木殿の母の知行也。問注所の役人は太田・大野・曽谷・道野辺等也。故に中山辺りは奉行博士等雑居する処也」

中山の領主だった重政が、一二一三（建保元）年の和田合戦で和田方について幕府軍に敗れたため、所領が召し上げられて、下総局と太田・大野・曽谷・道野辺などの問注所の役人に分配された。[67]だから、中山周辺には問注所の役人が集まった、という。さらに続く。「然るに千葉の介頼胤は千葉の六代目にて遠といへども現に御伯母の下総の局は存命にて殊に近処なる故に相替らず往復す」。頼胤も下総局を訪ねていたという。

檀那の中で、日蓮と富木の近さは格別だ。太田や曽谷への教導を託し、日蓮に圧迫があると直ちに富木に知らせている。[68]一方、他の門下にはみせない弱音さえも、富木には吐露しており、[69]日蓮が唯一、門下の家を訪ねたことが確認できるのも富木だけである。[70]佐渡流罪で日蓮の手元から経典・注釈書などが散逸した際、太田と曽谷に急いで収集して、すぐに送って欲しいと懇願する。その時、日蓮は二人の越中の所領内にある寺々の蔵書の豊富さを知っていて、そこから調達するよう指示した(71)。

千葉氏と日蓮の間に幾重にも結ばれた深い関係は、日蓮の母の縁によるものとみて間違いあるまい。富木が母(下総局)の遺骨を日蓮に届け、現在も身延の草庵跡の裏に墓所が残る事実は重い。日蓮の存命中に、日蓮に遺骨が届けられ墓所が残るのは他に佐渡の檀那阿仏房しかいない。阿仏房の場合、本人の遺志に従ったと推察できるが、日蓮が墓所を抱えるのは極めてまれだ。富木も亡父をおいて母の遺骨を納め、日蓮と富木の母との特別な関係がうかがえる。富木の母を日蓮の伯母(叔母)としても不自然ではない。

私は、日蓮の母は伊東祐時に嫁した千葉成胤の娘だと考える**(表3、四八頁参照)**。日蓮の父方の伯母が妙一尼であり、母方には下総局がいる。日昭は父方の従兄弟、富木は母方の従兄弟になる。

千葉胤貞は日蓮が曼荼羅を送った父・宗胤の遺骨とともに、「名越殿の遺骨」を保持していた(72)。千葉氏と名越氏の深い関係が伺える。史料はないが、当然、血で結ばれた親族関係があったのだろう。その濃密な関係の中に日蓮もいたことになる。

ここで、後世のものだが、気になる文書がある。一七八五（天明五）年著作の『祖書綱要删略』（日導著・日寿編）にある。(73)

「名越に三尼あり。一にいわく大尼・名越遠江守朝時の妻なり。二にいわく中尼・名越尾張守時章の妻なり。夫婦一同に剃髪す、これを名越の尼御前という。大尼は豆司村に移り、これを豆司の尼御前という。三にいわく新尼・名越尾張守公時の妻なり。文永九年二月十一日、公時誅せらるすなわち尼となり、大尼と駿河の浮島原に蟄す。大尼はもとこれ高祖大檀越、祖を名越に居たれるは一に此の尼の手に出たり。龍口の厄に臨むにおよんで高祖を棄て損なる」

名越には、大尼・中尼・新尼の三尼がいて、朝時の妻・時章の妻・公時の妻だった。大尼は伊豆の司村にいたが、二月騒動で公時が誅殺されて妻が尼になったので、一緒に駿河の浮島が原に住んだという。ここで公時というのは、教時の間違いだろう。公時は誅殺されず、父・時章の家督を継いだ**（表4、一七四頁参照）**。

続けて、大尼が以前から日蓮の大檀那で、名越に日蓮が草庵を構えたのは大尼の手配だという。ところが二月騒動の前年九月の弾圧で、大尼は日蓮のもとを去った。この点は日蓮の書簡から確認できる。(74) 先の名越三尼の記事を全否定するのは難しい。話の骨子は、日蓮の書簡や歴史的事実に符合する箇所も多い。逆に、日蓮の書簡に合わせて物語を創作したのなら、公時と教時の取り違いは不用意に過ぎる。当時、日蓮の信徒に伝わっていた話をもとにしたものだろう。全面的には採用しかねるが、慎重に検討をすれば十分に活用できると思う。

日蓮が安房での難を逃れ、下総の中山で待機している間に、朝時の妻が名越の谷戸に日蓮の居宅を用意したと考えられる。当時、鎌倉の谷戸は多くの場合、幕府から御家人に与えられる貴重な宿館用地だった。(75) 仮に朝時の妻でなければ、時政の名越邸や、政子が実朝の御産所ともした浜御所があった名越の要所に、いったい誰が土地を提供できるのか。ここにも、千葉氏・日蓮・名越氏の深い関係がうかがえる。朝時の妻は北条政子の弟・時房の娘で、教時を産んでいる。

安房の日蓮

日蓮が伊東祐時の子だとすると、なぜ日蓮は安房で養育されたのか。注目したいのが、工藤左近尉である。

工藤氏は、一二六四（文永元）年十一月十一日、安房で日蓮を襲った東条景信の兵と戦い、鏡忍房日暁とともに絶命したとされる。墓は屋敷跡の日澄寺に残る。ここも背後に山を持つ武家独特のもので、裏山もふくめ工藤氏の天津城址と伝わる。東条御厨内にあった白浜（天津）御厨の管理は工藤氏が行っていたという。(76) 工藤邸の至近には、頼朝が建てた神明神社があり、ここに御厨の役所もあった。神明神社も工藤邸跡も海岸にほど近く、この地が港湾の要所だったことがうかがえる。

一一九二（建久三）年の神領注文にみえる東海道諸国の御厨は、その大部分が海上交通を利用して供祭物を貢進する御厨である。(77) 東条御厨もその一つだろう。そして白浜（天津）御厨は、実は港湾を管理し、鎌倉の六浦・飯島と同様、その関税徴取権を付与されていたのではないか。海運・水軍に長けた工藤氏がこの御厨を管理したのは理解できる。

日蓮は、安房の東条郷の出身を誇っている。理由は、東条御厨にある。「安房の国長狭郡之内東条の郷、今は郡也。天照太神の御くりや（厨）、右大将家の立て始め給ひし日本第二のみくりや、今は日本第一なり(78)」、「安房の国東条の郷は辺国なれども日本国の中心のごとし(79)」と述べている。

源頼朝が、平氏打倒が叶えば御厨を寄進すると天照大神に起請し、その心が通じたから頼朝は将軍となった、と日蓮は語る。そして、頼朝が東条の郡を天照大神の御栖《おんすみか》と定めたので、天照大神は東条にいるのだ、として「日蓮は一閻浮提の内、日本国安房の国東条の郡に始めて此の正法を弘通し始めたり」と誇っている。

長狭郡は、もとは長狭氏が治めていたが、これを頼朝が滅ぼすと、三浦義澄に与えたと思われる(80)。さらに一二四七（宝治元）年六月、宝治合戦によって三浦氏が滅び、その所領を北条氏が獲得する。それを極楽寺重時が拝領したようで、重時の在地家人と思われる東条氏が急成長した(81)。一方、名越朝時も長狭郡に知行地があり、一二四五（寛元三）年の没後は朝時の妻が継承したようだ(82)。その地を一二五三（建長五）年に東条氏が侵犯した際、日蓮は朝時の妻に加担して訴訟指揮を執る。名越氏の衰えを好機とみて、重時を後ろ盾に東条氏が動いたのだろう。[83] 名越氏は東条御厨を知行していた可能性もある。
日蓮は、伊東から工藤氏に「四恩鈔」を送る。宛名は工藤左近尉。名前には吉隆と光隆の二説ある。ただし両説とも、父は工藤行光だ。[84] 厨川（奥州）工藤氏の系図（**表1**）に工藤行光・吉隆の親子がみえる。[85] 一一八〇（治承四）年八月、父の行光は、祖父・景光と石橋山の戦で頼朝の援軍に駆け付け、十二月に頼朝が鎌倉の新邸に入ると、御弓始めで射手六人の一人に指名される。一一八九（文治五）年の奥州合戦でも行光は奇襲攻撃で活躍し、頼朝から盛岡の地を拝領する。破格の恩賞だ。厚遇の理由は弓馬の技量に加え、工藤氏率いる伊豆水軍の機動力と経済力、奥州にも通じた情報力と統治力を、頼朝が評価したとされる。[86]『奥南落穂集』には後に伊東祐時が奥州に下向し、二男は葛巻工藤氏の祖になったとの記述がある。[87]
同時代に工藤行光がもう一人いる。工藤茂光の三男、摂津守民部大夫の行光だ。兄に宗茂、弟に親光がいる。行光の父・茂光は狩野工藤介。茂光は一一八〇（治承四）年、山木兼隆奇襲の作戦会議に参加した頼朝の手勢で、石橋山の戦で自害する。五男親光も、奥州合戦の奇襲攻撃で絶命した。[88]
系図（**表1**）には行光の嫡男に光時の名があるが、光時以降はつながらず、弟である二郎為佐に移る。実朝は、後に御厩別当になる近臣の狩野為佐（為光）を通じて、名越朝時の病快方を祝う。[89]為佐は実朝・頼経の「家の子」といえるし、名越氏とも近かった。一二四六（寛元四）年五月、頼経を担いで江間（名越）光時が時頼に挑もうとした際、為佐も光時に連座して評定衆を罷免されている。

先の光隆説は、工藤光時との混同を疑っていいだろう。ただ、いずれの工藤氏も頼朝と非常に近い一家だった。今は、その点だけ確認する。この場合、工藤氏が日蓮の乳夫だった可能性が排除できなくなる。

頼朝の乳母だった比企尼は、経済的な援助だけでなく、三人の娘も頼朝の周囲を比企の血縁で包囲するために嫁がせる。戦でも一族あげて頼朝に尽くす最大の庇護者だった。頼朝は、嫡子の頼家以下の妻に比企氏を選び、源氏一門の妻を出す家として比企氏を選択した。[90]工藤氏の殉死は、そのような乳夫の在り方を想起させる。年齢も日蓮と親子ほど離れ、[91]伊東祐時は血縁に加え、頼朝との近さから日蓮の乳夫に工藤氏を選んで不思議はない。港湾を管理した工藤氏なら、「長狭郡東条郷片海の海人が子也[92]」という日蓮の自称とも符合する。

ここで先の東条御厨の言及に注目すると、この御厨が今は日本第一であると宣言した後に、「此郡の内清澄寺と申す寺の諸仏坊の持仏堂の南面にして、午の時に此の法門申しはじめて今に二十七年」と述べる。清澄寺は円仁が開いた名刹である。日蓮は幼少から学問の道で将来を期待されていた。[93] であれば、日蓮を東条の地に預けたのは清澄寺への入山が予定されていたからではないか。[94] 母の千葉氏も工藤氏も、この地を知行する名越氏と近く、我が子の安全を考えた結果だろう。

光隆との混同を疑った光時の父・行光は、日蓮の祖父・祐経と同時期に後白河院の武者所に出仕していたと思われる。[95] 兄・宗茂も、日蓮の父・祐時とともに、一二二一（承久三）年の承久の乱で東海道軍に参陣している（『承久記』同年五月二十二日の記事）。日蓮と工藤氏の重縁がうかがえる。

ところで、なぜ工藤氏が安房に住み、天津で御厨を管理したのか。極楽寺重時の在地家人である東条氏と対立したことから、ここに知行地を持つ名越朝時の在地家人だったとも考えられるが、不明である。後考を期したい。

光日尼

日蓮が幼少時代を回顧して、ともに懐かしむ女性に光日尼がいる。そして「父母の墓」に何度も言及する。これは他の門下には見られない態度である。

次はいずれも一二七六（建治二）年三月に身延から送った「光日房御書」(96)の抜粋である。佐渡流罪中、いかに生国の安房を恋しく思い、父母の墓に詣でることを大きな励みに過ごしてきたか、切々と訴えている。

「（佐渡から鎌倉へ）かへらずば又父母のはか（墓）をみる身となりがたし」、「日にも月にも海もわたり、山をもこえて父母のはか（墓）をもみ、師匠のありやう（有様）をもとひをとづれ（音信）ざりけんとなげかしく」、「父母のはか（墓）をもみるへんもありなんと心づよくをおもひて」

さらには、赦免で鎌倉に戻りながら、どうして安房に帰らなかったのか、その無念を語る際にも父母の墓に言及する。

「本国にいたりて今一度、父母のはか（墓）をもみんとをもへども、にしき（錦）をきて故郷へはかへれといふ事は内外のをきてなり。させる面目もなくして本国へいたりなば不孝の者にてやあらんずらん。これほどのかた（難）かりし事だにもやぶれて、かまくらへかへり入る身なれば、又にしきをきるへんもやあらんずらん。其時、父母のはか（墓）をもみよかしと、ふかくをもうゆへにいまに生国へはいたらねども、さすがこひしくて」

日蓮が故郷とともに、いかに父母を大切に思ってきたかを語り、自身の行動はすべてその思いを基底にして選択・苦悩してきた、と述べている。しかし、日蓮が繰り返す「父母の墓」は、日蓮の実父母のことだろうか。日蓮の父母に対する思いを、なぜ光日尼にここまで強調する必要があったのだろう。

光日尼は、一昨年に亡くなった子の弥四郎が人を殺め、その後生を気に病んで日蓮に相談した。これはその返書である。日蓮の結論は、弥四郎は法華経の信者であり心配いらないが、恐れるべきは念仏者・律師・真言師という法華経の敵であり、騙されるから注意しなさいということである。結論は最後に短く書かれ、前半は先にみた父母への思いで綴り、後半は弥四郎の思い出、光日尼からの手紙の読み返しに費している。

日蓮は、一昨年の弥四郎の死を光日尼の手紙で知る。つまり、光日尼との交流は疎遠になっていた。そして、他宗の僧が身近にいて、光日尼の信仰に強い影響を与えている。この前提で書簡をみると、日蓮の最大の苦心が光日尼の心をどうつかむかにあると分かる。前半は、そのためのものだ。そうすると日蓮が繰り返す「父母の墓」は、光日尼の父母の墓と考える方が自然である。ではなぜ日蓮が光日尼の父母を深く思うのか、その表現が光日尼に対して不自然にならないのか。

この疑問を解消できるのは、光日尼を日蓮の乳夫に想定した工藤氏の娘とする場合である。「父母の墓」は日蓮の乳夫の墓であり、光日尼にとっては実父母の墓である[97]。であれば光日尼が、父母からの伝聞か、本人の体験かは不明としても、「予はかつしろしめされて候がごとく、幼少の時より学文に心をかけし[98]」と日蓮が記すほど、幼少の日蓮をよく知っていたことも理解できる。

書簡は、弟子の三位房と佐渡公が光日尼に届けている。二人も光日尼の縁者にちがいない。佐渡公は後の日向である。日蓮の兄弟に九州日向へ下向した祐景がいる。この血筋には日蓮の信者と思われる法名を持つ者が多数おり、日向の法類と推認される[99]。日蓮が親族の日向を使者に選んだのだろう。

富木常忍の妻に与えた書簡に、次の一説がある。「日蓮悲母をいのりて候ひしかば、現身に病をいやすのみならず、四箇年の寿命をのべたり」。先に触れた伊東祐光以外で、日蓮が祈って命を長らえたとする唯一のものである。このことは弟子・門下にもよく知られた話だったようで、日朗が後に「聖人の御乳母のひととせ（一年）御所労御大事にならせ給いて候て、やがて死なせ給いて候し時、此経文をあそばし候て、浄水をもつてまいらせさせ給いて候しかば、時をかへずいきかへらせ給いて候[100]」と振り返っている。日蓮がいう「悲母」は「乳母」としていいだろう。

また、光日尼への書簡の特徴に、日蓮自身のこれまでの来し方や幕府の対応を、かなり踏み込んで綴っていることが挙げられる。今回に続いて「種種御振舞御書」が送られ、「破良観等御書」「光日上人御返事」もある。いずれも日蓮がたどった歩みと思索の経過を、絵物語のように活写する。二人の歴史の空白を埋めて光日尼が再び日蓮と同伴できるよう、手引きするような書簡類だ。同時に、幕政の逸脱に対する批判も多い。光日尼が工藤氏の血筋であれば幕政に強い関心を持つのは当然で、日蓮はそれに応えたのだろう。光日尼の名も父・光隆（時）の偏諱だった可能性がある。

おわりに

はじめに、弟子の教線が親族に伸びたのと同様、日蓮自身の教線もまず親族に広がったと仮定した上で、法的な権利の執行を求める書簡から、日昭・日朗・池上宗仲と日蓮が親族関係にあると想定した。次に日昭に残る伝承と、日昭の母・妙一尼と日蓮との親密な関係から、日蓮は工藤祐経とその嫡子・伊東祐時につながる血筋だと考えた。

さらに、伊東の流罪先が日蓮の本貫地であり、身柄を預かった伊東祐光が親族である可能性を示すとともに、妙一尼との関係からも日蓮の父は伊東祐時であるとした。

伊東氏と千葉氏は、源頼朝が主導して婚姻を重ねている。日蓮は、千葉介頼胤やその子息と交流し、門下に千葉氏の親族や被官がいる。さらに日蓮が母に言及した書簡、富木氏の伝承、日蓮と富木氏の特別な近さ、富木氏が母の墓所を日蓮の草庵裏に設けた事実から、日蓮の母は千葉成胤の娘であると結論した。

日蓮の出身が安房とされる点については、光日尼に対する書簡などを通して、工藤光隆

（吉隆）が乳夫であったと指摘した。

本論では触れなかったが、日蓮の血筋は源頼朝以来の将軍近臣につながる。門下も将軍家近くに広がり、日蓮一門は、それまでに歴史の表舞台から消えたかに見えた将軍派が再結集したような教団である。この立場に立つと、日蓮への圧迫は、将軍執権派と得宗御内派の抗争のうちにあったように映る。日蓮の視点は、鎌倉史に新たな光を当ててくれるが、これについては改めて論じたい。

追記

これまでなぜ日蓮の出自についての研究が進まなかったのか、について考えてみたい。

一つは、もちろん史料の不足がある。

弟子が日蓮の書簡を集め始めたのは、没後のことだろう。(101) その際、当然のことながら漏れたものがあることは仕方がないとして、なぜ日蓮が自身の肉親に宛てた書簡が含まれなかったのか。馬を扱うような日蓮の生活を支えた所領が必ずあったはずで、そこに宛てた文書も同様である。理由は、当時の弟子が求めたものは、日蓮の信仰に関する書簡であって、日常生活の細々としたものは必要としなかった、ということが考えられる。さらに日蓮の親族に対しては、弟子たちの遠慮が働いた可能性もあるにちがいない。将軍家に宛てた「大豆御書」や「初穂御書」[102]と呼ばれる書簡が残されたのは異例といっていい。さらにいえば「刑部左衛門尉女房御返事」を除き、日蓮が門下たちへの書簡のなかで自身の実父母について語っていないことが挙げられる。これは当時、日蓮の出自は自明であって、日蓮自身も弟子も語る必要がなかったということではないだろうか。

一方、日蓮の書簡以外の文書や史料にも、日蓮の出自を示すものがない。伊東氏の系図もしかりである。日昭・日朗や池上氏について、かろうじて残った伝承が今回の考察の手掛かりにはなったが、それにも直接、日蓮の出自を示すものはなかった。これは後年、日蓮の親族が意図的に日蓮の存在を隠したか、日蓮が弟子・門下に語ることを禁じたか、あるいは双方の理由があったものと思われる。

日蓮が念仏を否定して題目の唱導をはじめたのは、父・祐時の七か月の喪が明けた後である。この時すでに日蓮は、自身の身に大難が襲うことを予測し、覚悟をしている。[103]肉親にその難が及ぶことを恐れていたとすれば、日蓮の唱導が父の死後であったことも偶然とはいえない。一二六八（文永五）年一月に蒙古からの国書が届きながら、これを契機とした評定を求める上申書はなぜか十月中旬に提出している。これも十月三日の母の死後である。

日蓮没後間もなく一二八五（弘安八）年、霜月騒動を前に門下に対する弾圧があった。これに対する申し開きが「日昭申状」「日朗申状」として残っている。いずれも我々は天台の門弟であって叡山の嫡流である、というものである。当時の仏教界をすべて敵に回した日蓮とは、およそ掛け離れた主張で弾圧をしのごうとしている。この二人に象徴される動きは、ほかにもあったはずで、日蓮を失った教団には、幕府と真っ向から対峙できる力はなかった。幕政の中枢に同志的連帯を築きつつ、一方で妥協なき宗教的主張を押し通そうとする日蓮の姿は、日蓮ならではの政治的・宗教的な闘争であって、弟子といえども真似ができるものではない。日蓮自身は、そのことを十分に承知していたのではないだろうか。であれば日蓮が、肉親との関係をあえて断とうとしたとも考えられるし、肉親の方から日蓮との関係を伏せたとも考えられる。

日蓮の出自の研究が進まないもう一つの理由に、研究者の問題を指摘できると思う。日蓮の研究者は、大半が日蓮の信徒である。信徒が日蓮の研究をする場合、信仰の鏡をそこに求めようとする。おのずと正しい信仰・信者の姿とは、どういうものか。日蓮の宗教の本質はどのような体得・悟りにあるか、という視点になる。特に、日蓮の門下については、「この人は純粋な信仰を貫いた正しい人」、「この人は退転した悪い人」というような二元的な解釈から抜け出すのは難しい。象徴的なのが領家の尼に対する評価ではなかろうか。

日蓮の両親（または乳母）などが世話になったという領家の尼は、佐渡流罪を契機に日蓮のもとを一度は去るのだが、[104] その後、弾圧が過ぎ去ると日蓮に曼荼羅を所望する。日蓮は、一度は退転した領家の尼に曼荼羅を授けることはできないが、代わりに一緒に住む嫁に曼荼羅を与えることとした。ここでいう領家の尼は名越朝時の妻で、名越の大尼と呼ばれた女性であり、嫁は二月騒動で討たれた名越教時の妻で、新尼と呼ばれていたという。このように日蓮の書簡を読んで矛盾はないはずなのだが、日蓮が世話になった領家の尼は愛すべき女性であり、名越の尼は日蓮に敵対した悪人であるとして、両者を別人と解釈するのである。[105] そう解釈して、名越の尼を信仰上の反面教師にしようとする意図は、全面的に否定するわけにはいかない。しかし、そのような見方では、ある時は日蓮を信じ、またある時は裏切った人物に対して、それでも何とか救いの手を差し伸べようとする日蓮の苦悩が見えなくなってしまうのである。

歴史を専門とする研究者には、宗教とは関わりたくない、と思う人が少なくない。歴史的事実を提示しようとしても、信者の感情と合致しなければ無用な批判に晒されるからだ。特に、信徒が多く、批判を許さない教団を擁する宗教とは距離を取りたいという。

誠実な学問的研究の成果によって、日蓮の信徒がむしろ信仰心を強めることができるのであれば、これまでの陥穽から抜け出して日蓮の実像に迫れるにちがいない。

（表１）伊東・工藤氏系図

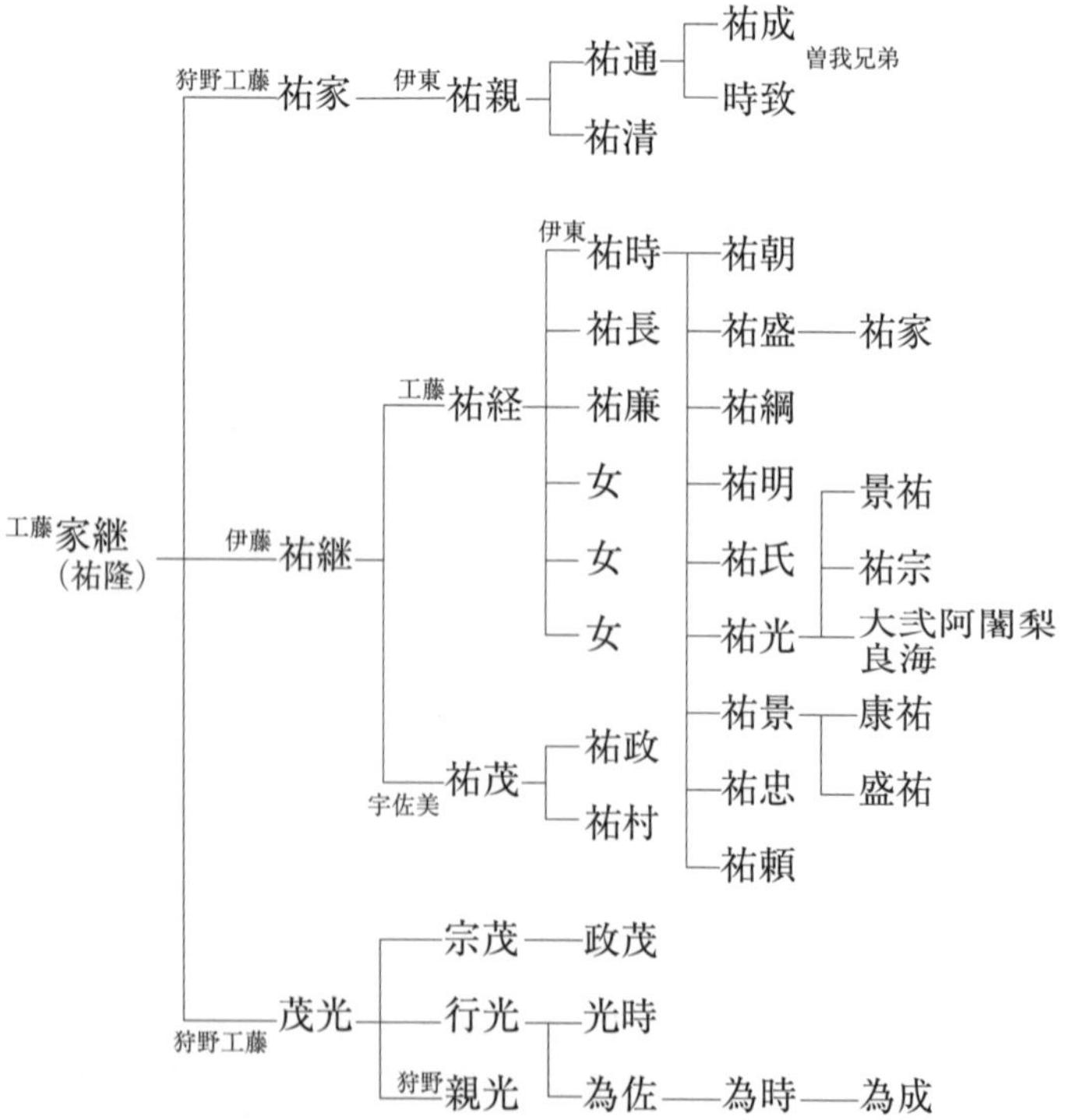

＊伊東大系図（『伊東市史』史料編　古代・中世
伊東市教育委員会編、2007、723－729 頁）より抜粋

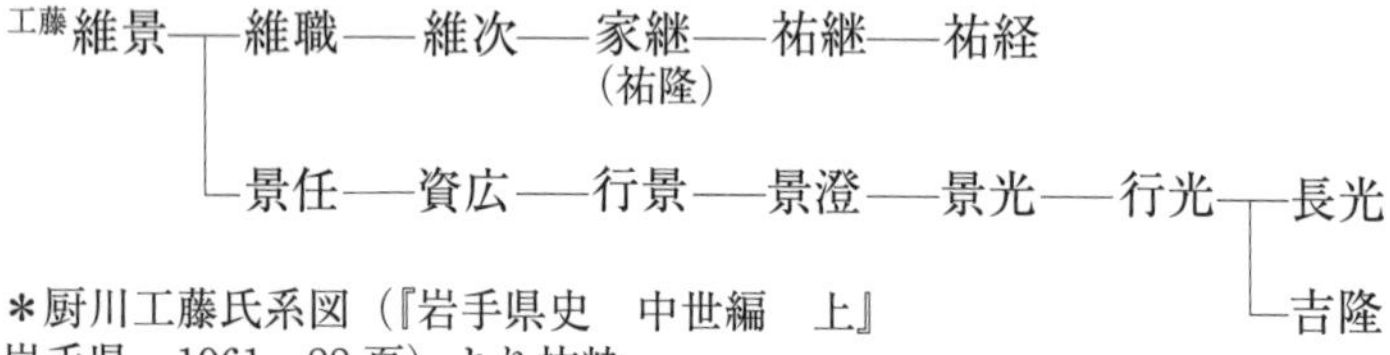

＊厨川工藤氏系図（『岩手県史　中世編　上』
岩手県、1961、88 頁）より抜粋

(表2) 伊東・日蓮関連系図

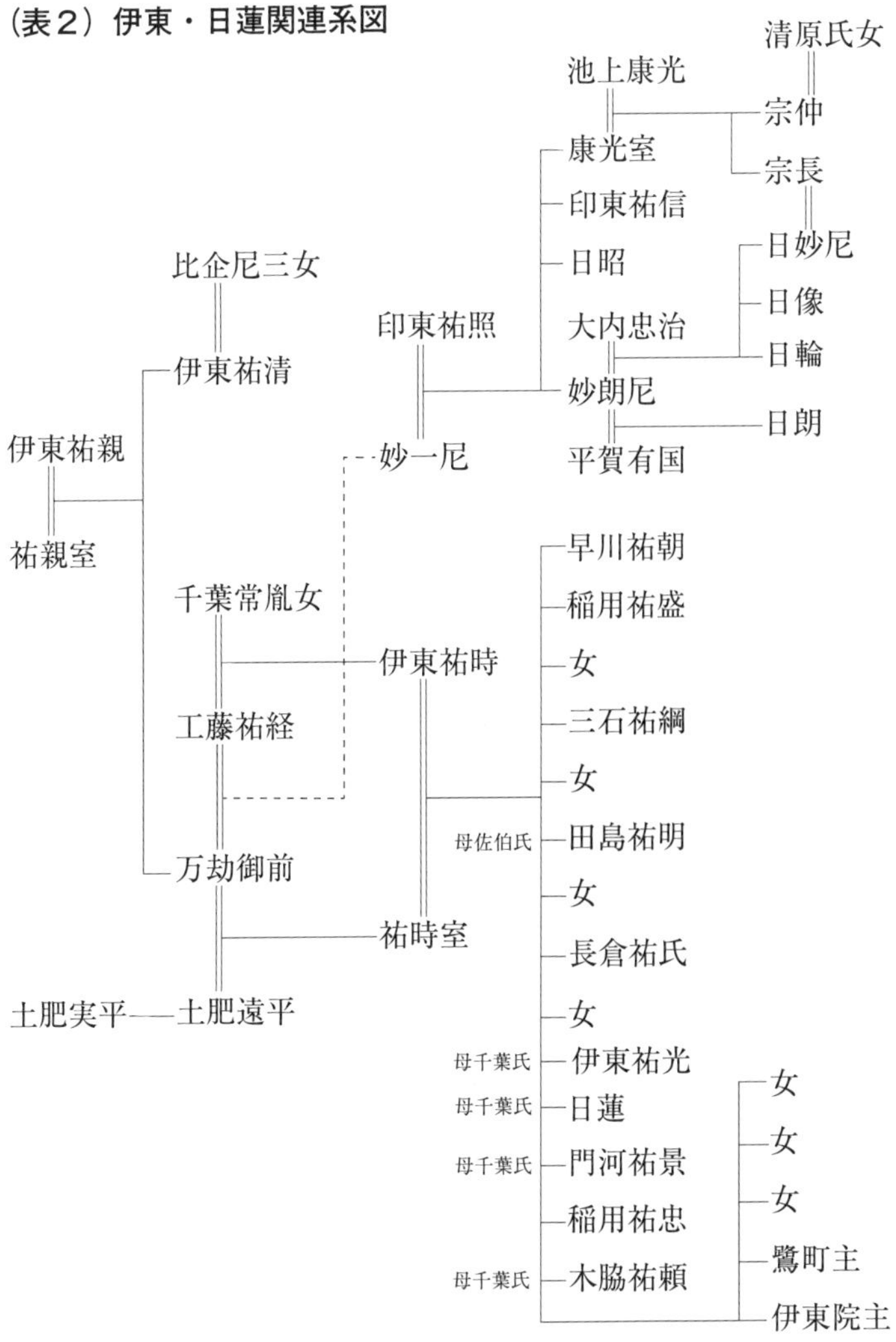
清原氏女
池上康光
宗仲
康光室
宗長
印東祐信
日昭
日妙尼
比企尼三女
日像
印東祐照
大内忠治
伊東祐清
日輪
妙朗尼
日朗
伊東祐親
妙一尼
平賀有国
祐親室
早川祐朝
稲用祐盛
千葉常胤女
伊東祐時
女
工藤祐経
三石祐綱
女
母佐伯氏
田島祐明
万劫御前
女
祐時室
長倉祐氏
土肥実平
土肥遠平
女
母千葉氏
伊東祐光
女
母千葉氏
日蓮
女
母千葉氏
門河祐景
女
稲用祐忠
鷺町主
母千葉氏
木脇祐頼
伊東院主

（表３）千葉・日蓮関連系図

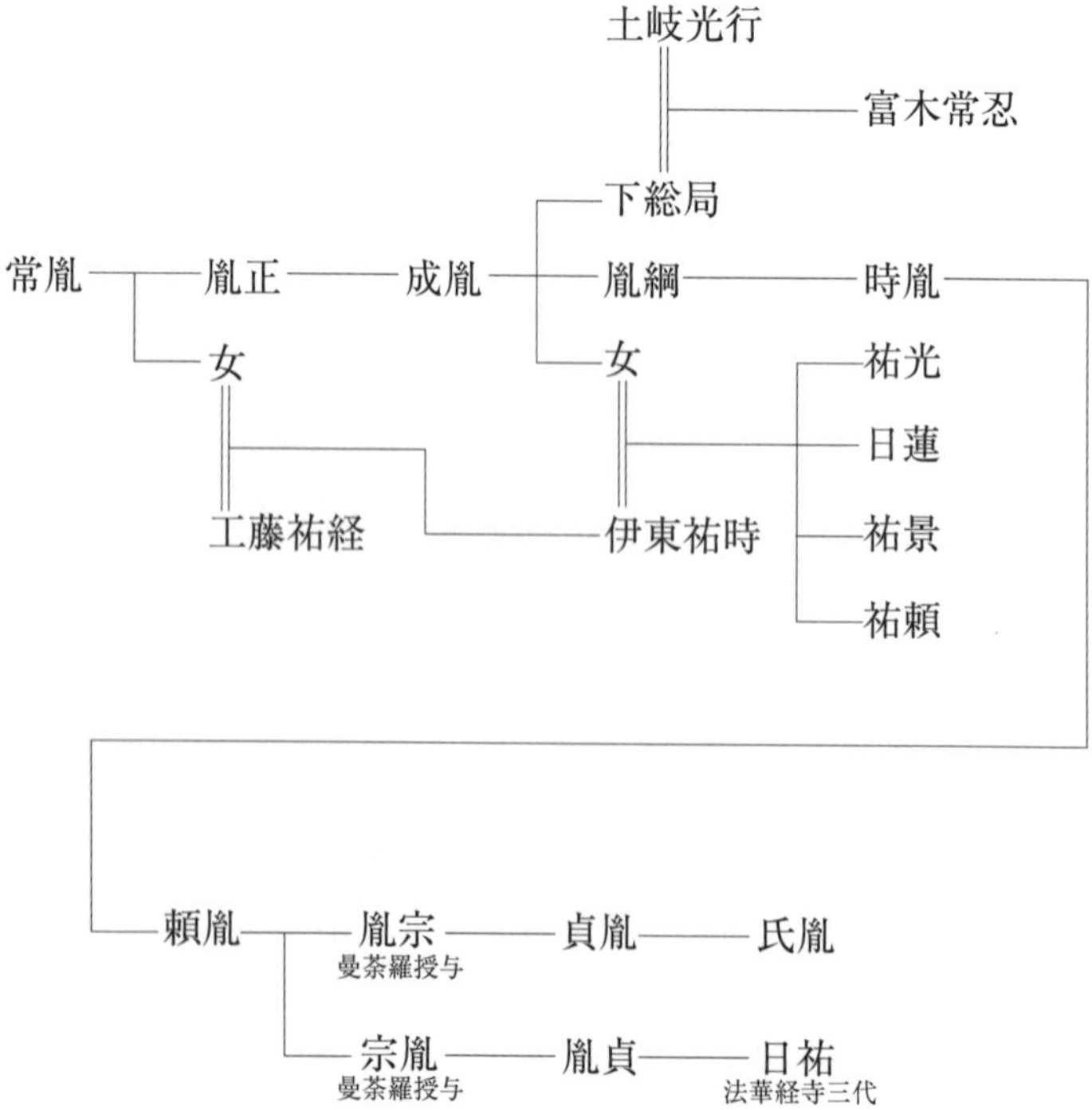

＊胤綱・時胤は早世しており、 日蓮の活動期は頼胤、胤宗・宗胤の時代である。（『尊卑分脈』「千葉大系図」により作図）

注

(1) 川添昭二「日蓮の出自について」(「三浦古文化」一四、三浦古文化研究会、一九七三・九)。日蓮の書状の裏面(紙背文書)に「ぬきなの御局」の陳状案があり、貫名氏と関連付けた中尾堯氏や石井進氏の考察もあるが、いずれも推論の域を出ない(中尾氏『中山法華経寺史料』吉川弘文館、一九六八。石井氏「鎌倉時代中期の千葉氏—法橋長専の周辺—」『千葉県史研究』創刊号、一九九三)。

(2) 浅井要麟「日蓮聖人家譜の研究」(『立正大学創立三十年記念論叢』立正大学宗学研究室編、一九三三、五〇七~八頁)。

(3) 日興の「日蓮遷化記」(『鎌倉遺文』一四七二二)に葬送次第が残る。日蓮の棺は前後に八人ずつ一六人の弟子が担ぐ御輿に奉られ、その前陣を日朗が、後陣を日昭が進む。一六人の中に六老僧の日持・日興もいる。日昭・日朗の特別な位置は明らかである。巻末「史料1」参照。

(4) 「旃陀羅が子」の表現は、はかない凡身が無上の法華経を持つ喜びを表明する場合に限られている(「佐渡御勘気鈔」『昭和定本　日蓮聖人遺文』〈立正大学編、一九五二、以下「定本」〉五一一頁、「佐渡御書」定本六一四頁)。

(5) 河合正治氏は、「当時(鎌倉中期、筆者注)、武家社会の中堅である地頭御家人たちはまだ文盲のものもあり、古典的教養を身につけるまでには至っていなかった」と指摘された（『中世武家社会の研究』吉川弘文館、一九七三、九〇頁）。
（6）「伯耆公御房消息」定本一九〇九頁。高木豊「安房に帰った日蓮」（『金沢文庫研究』一七六、一九七〇・一二）。
（7）「種種御振舞御書」定本九六五頁、「崇峻天皇御書」定本一三九四頁、「四条金吾殿御返事」定本一六〇一頁、「波木井殿御報」定本一九二四〜五頁。日蓮が所持したという太刀〈銘恒次（数珠丸）〉は「天下五剣」の一つで国の重要文化財に指定されている。
（8）高木豊『日蓮とその門弟』（弘文堂、一九六五）一四九頁。
（9）前掲注（3）「日蓮遷化記」。巻末「史料1」参照。
（10）「曾谷殿御返事」定本一六六四頁。本書「Ⅲ　日蓮と政治」注（9）参照。
（11）日興「日蓮遺物配分状」（『鎌倉遺文』一四七二三）。巻末「史料2」参照。
（12）前掲注（8）『日蓮とその門弟』一九八〜九頁。
（13）『玉澤手鏡草稿』（『日蓮宗宗学全書』一九　史伝旧記部二、立正大学日蓮教学研究所編、一九六〇、以下『玉澤手鏡』）二六三、三二一頁。日昭開山の玉澤妙法華寺に伝わる伝承を、一七六九‐七六年に日通が著述。

(14) 境達院日順『御書略註』(『日蓮宗宗学全書』一八　史伝旧記部一、立正大学日蓮教学研究所編、一九五九、以下『御書略註』) 一七〇頁。日通の『祖書證議論』一〇巻を、抜粋し書き下したもの。印東祐照を祐昭としており、日昭の母は工藤祐経の娘とする。『玉澤手鏡』(二六二頁) では、日昭の母を伊東祐時の娘とする。ともに日通の著作であり、十八世紀後半には両説が並存していたことになる。

(15)『吾妻鏡』一一八九(文治五)年七月十九日の条。

(16)『尊卑分脈』では、日朗の父・有国は確認できないが、祖父の有資は、盛義の嫡男・有義の子と確認できる。『御書略註』(一七二頁) の記事と一致する。一方、忠治も記載はないが、その父と思われる惟忠は確認できる。大内惟義の孫である。

(17)『玉澤手鏡』二六三、三三二頁。

(18)「両人御中御書」定本一八〇二頁。

(19)「伊東大系図」(『伊東市史　史料編　古代・中世』伊東市教育委員会編、二〇〇七)。『日向記』(『宮崎県史　通史編　中世』宮崎県編、一九九八、二〇六頁参照)。

(20) 日蓮が「妙一比丘尼御返事　日蓮」と表書きした書簡で、宛名を「さじき妙一尼御前」とする(「妙一尼御返事」定本七二二頁)。

(21) 日通の『玉澤手鏡』、『祖書證議論』(『御書略註』)では、祐照を印東氏としているが、池上氏縁起では伊藤氏とする。
(22)『御書略註』(一七〇頁)には印東三郎兵衛左衛門尉祐信とあり、伊東仏光寺に残る伊東氏系図は印東次郎左衛門尉祐信。祐信の父を伊東祐照と記す(『本化聖典大辞林』普及版　国書刊行会、一九八八、一五六三頁)。
(23) 常栄寺には、「印東祐信(道妙入道)は将軍・宗尊親王の近臣であり、妻の桟敷の尼(理縁尼)の妹(理芳尼)は比企能本の妻である」との縁起が伝わる。
(24)「妙一尼御前御消息」定本一〇〇〇〜一頁。
(25)「兵衛志殿女房御返事」定本一二九三頁。
(26)「船守弥三郎許御書」定本二三〇頁。
(27)「弁殿御消息」定本一一九〇〜一頁。高野山参道には一二七一(文永八)年の銘が刻まれた伊東家の五輪町石卒塔婆が残る(『伊東の歴史一』伊東市史編集委員会・伊東市教育委員会編、二〇一八、二三七頁)。
(28)「可延定業御書」定本八六二頁。
(29)「波木井殿御書」定本一九二七頁。

(30) 松尾剛次「叡尊の生涯」(『叡尊・忍性　持戒の聖者〈日本の名僧10〉』松尾剛次編、吉川弘文館、二〇〇四)二四頁。
(31) 和島芳男「極楽寺の縁起と忍性」(『金澤文庫研究』二四八、一九七七・一二)三頁。
(32) 吉岡諒「叡尊・忍性の救済活動とその歴史的性格(上)」(『仏教史研究』四九、二〇一二・七)九七頁。
(33) 前掲注(8)『日蓮とその門弟』一六二頁。『関東往還記』一二六一(弘長元)年十二月二十八日の記事。
(34)「妙法比丘尼御返事」定本一五六一頁。
(35)「兵衛志殿御返事」定本一四〇六頁。
(36)『吾妻鏡』一二六一(弘長元)年十一月三日の条。
(37)「船守弥三郎許御書」定本二二九頁、「同一鹹味御書」定本二三三頁、「四恩鈔」定本二三三頁、「報恩抄」定本一二三七頁。
(38) 前掲注(8)『日蓮とその門弟』一五九頁。
(39)「種種御振舞御書」定本九六〇頁。
(40)『吾妻鏡』一二四六(寛元四)年六月十三日の条。

（41）「船守弥三郎許御書」定本二二九頁。
（42）伊東大川の河口の内陸側に港湾が広がり、港に面して伊東家の施設が建ち並んでいたことが近年の研究で明らかになった［前掲注（27）『伊東の歴史一』二二〇～三頁］。
（43）奥富敬之『鎌倉歴史散歩』（新人物往来社、二〇〇一）一二八～九頁。
（44）安房・花房の蓮華寺も同じ特徴があり、日蓮の居宅跡としていい。
（45）前掲注（43）『鎌倉歴史散歩』一二九頁。
（46）松尾剛次『中世都市鎌倉の風景』（吉川弘文館、一九九三）三三頁。
（47）「富木殿御書」定本八〇九頁、「妙法比丘尼御返事」定本一五六二頁、「庵室修復書」定本一四一〇頁。
（48）『御書略註』は、日蓮を伊東に運んだ者を「船奉行は工藤彌三郎清光」とし、「川奈に一月御逗留、此の間に伊東に吾祖の御坊と昭師の坊を建つ」とする（一八一頁）。
（49）前掲注（19）「伊東大系図」。前掲注（27）『伊東の歴史一』一七三～四頁掲載の『日向記』記事による。
（50）『吾妻鏡』の初見は一二一六（建保四）年七月二十九日の条。伊東兵衛尉祐時とあり、朝廷の官位を得ていたことが分かる。

(51) 前掲注(27)『伊東の歴史一』一七三頁。
(52)『吾妻鏡』同日の条。
(53)『承久記』一二二一(承久三)年五月二十二日の記事。
(54)『日向記』所収「伊東氏所領注文」[前掲注(19)『宮崎県史 通史編 中世』二〇八～一〇頁]。
(55) 細川重男『北条氏と鎌倉幕府』(講談社選書メチエ、二〇一一)五三～八頁、本郷和人『新・中世王権論』(新人物往来社、二〇〇四)七一～六頁。
(56) 前掲注(8)『日蓮とその門弟』五六頁。
(57) 日蓮の甥の康祐は、一二七二(文永九)年の二月騒動で討死している。康祐の系図はその後、娘から延び、その血筋に日蓮の信者と思われる法名を持つ者が多数いる。『御本尊集目録』(山中喜八編、立正安国会、一九七四)所収一二三幅の御本尊で、在家授与者の氏名があるのは七幅。藤太夫日長(第五七)、藤原清正(第七三)、藤原廣宗(第八八)、藤原国貞(第九五)、源日教(第九九)、藤原日生(第一〇二)、藤三郎日金(第一一二)。藤原氏六名、源氏一名である。工藤・伊東は藤原氏、平賀・南部は源氏だ。
(58) 角川源義「妙本寺本曽我物語について」(『国学院雑誌』六九、国学院大学、一九六八)八〇～一頁。
(59)「妙法比丘尼御返事」定本一五六二頁。
(60) 前掲注(57)『御本尊集目録』には、胤宗・宗胤への曼陀羅顕示は一二七六(建治二)年八月十三日とある(五七～九頁)。「千葉大系図」(『改訂房総叢書 第五輯』改訂房総叢書刊行会編、改訂房総叢書刊行会、一九五九)によれば頼胤の死没は一二七五(建治元)年八月十六日。『北肥戰誌』『歴代鎮西要略』はともに同年八月十三日没と記す(千野原靖方『千葉氏』崙書房出版、一九九五、一七一頁)。本書「Ⅲ 日蓮と政治」では『尊卑分脈』から「九代当主・宗胤」とした。本論では「千葉大系図」の「一一代当主・胤宗」に改めた。
(61) 前掲注(60)「千葉大系図」によれば、相馬氏は千葉胤正の弟・師常を祖とし、師常に嫡男義胤、次男常家、三男行常がいる。胤家は常家の嫡男で矢木式部大夫とある。相馬氏は師常―義胤―胤綱―胤継と続くが、胤継・胤村の兄弟は千葉頼胤の後見と記す。
(62)「刑部左衛門尉女房御返事」定本一八〇三頁。一二八〇(弘安三)年十月三日の一三回忌から考えて、日蓮の母は一二六八(文永五)年十月三日卒である。
(63) 前掲注(19)「伊東大系図」は祐頼を次のように記す。「祐時八男、木脇刑部左衛門、余一。母同祐光。始為絹分改号木脇、五十七逝。父祐時存生之時、雖欲譲家督、没後依将軍家之御沙汰、兄祐光継家。日向国諸県郡内木脇八代等領主。木脇祖」。ここに「尾張刑部左衛門尉」の尾張の地名はないが、『日向記』による祐時の知行地に「尾張国松葉」がある〔前掲注(54)『宮崎県史　通史編　中世』二一六頁〕。

(64)「銭二十貫文」は刑部女房からの供養と考えられるが、これは日蓮の書簡にみられる最高額である。

(65)「富城殿女房尼御前御書」定本一七一〇頁。

(66)『御書略註』一八八頁。「別本千葉系図」(『続群書類従　第六輯上』塙保己一編、太田藤四郎補、続群書類従完成会、一九二八、一七六頁)には、千葉成胤の娘に「土岐七郎左衛門尉妻」とあり、「千葉大系図」〔前掲注(60)〕でも成胤の娘に「土岐判官光行妻　隠岐守光定母」とある。富木五郎の母を成胤の娘と指摘したのは川添昭二氏だが、「別本千葉系図」の胤正と成胤を誤読している〔「千葉氏と日蓮宗の関係(上)」『日本歴史』日本歴史学会編一〇六号、一九五七・四、二二頁〕。

(67)中山重政は、『吾妻鏡』一二一三(建保元)年五月二日の条で、和田合戦の和田方に名がみえるが誅殺者・捕虜の中に名はない。三日の条で、嫡男と思われる中山太郎行重が逃げており、同じく敗走したのだろう。更に同年九月二十六日の条に没収地の多くが御所の女房に与えられたとあり「中山四郎重政の跡は下総局が賜る」と記す。『御書略註』の記事を裏付ける。また一一九二（建久三）年八月九日の条では、実朝誕生に際して阿波局の乳付けに、大弐局・上野局とともに下総局が介添えしている。
（68）「土木殿御返事」定本五〇三頁。
（69）「富木殿御書」定本八〇九頁。一二七四（文永十一）年五月十七日付、身延に移った直後の書状。「けかち（飢渇）申すばかりなし。米一合もうらず。がし（餓死）しぬべし。此御房たちもみなかへして但一人候べし。（中略）結句は一人になて日本国に流浪すべきみ（身）にて候」と綴る。一二七九（弘安二）年五月十七日にも「何れの日を期してか対面を遂げ心中の朦朧を申し披（ひらかん）哉」と述べる（「四菩薩造立鈔」定本一六四七頁）。他に日蓮が愚痴を記したものに池上氏への書簡がある（「兵衛志殿御返事」定本一六〇七頁、「八幡宮造営事」定本一八六七頁）。
（70）「富木殿御返事」定本一五頁。一二五三（建長五）年十二月九日の書状。日蓮は下総にいる。全文を記す。「よろこびて御殿人玉はりて候。ひるはみぐるし候へば、よるまゐり候はんと存し候。ゆうさりとりのときばかりに玉ふべく候。又御はた（渡）り候て法門をも御だんぎあるべく候」。昼の外出を「見苦しい」とする日蓮の態度に注目したい。

（71）「曽谷入道殿許御書」定本九一〇頁。
（72）中尾堯『日蓮宗の成立と展開』（吉川弘文館、一九七三）一二、一一三頁。
（73）一妙院日導（一七二四－八九）、事成院日寿（一七四一－一八〇五）。『日蓮宗史料八』（法華ジャーナル、一九八六）四七一～二頁。『御書略註』（二四四頁）にも同様の記述があり、公時と教時の取違も含めて当時の定説だったと思われる。
（74）「新尼御前御返事」定本八六八～九頁。
（75）前掲注（43）『鎌倉歴史散歩』一二七頁。
（76）『天津小湊の歴史（上）』（天津小湊町史編さん委員会、一九九八）一七五頁。
（77）網野善彦「中世前期の水上交通」『網野善彦著作集　第一〇巻』（岩波書店、二〇〇七）一八三～四頁。
（78）「聖人御難事」定本一六七二頁。
（79）「新尼御前御返事」定本八六八頁。
（80）『吾妻鏡』一一八〇（治承四）年九月三日の条。三浦氏は以前から安房への勢力拡大を狙っており、一一六三（長寛元）年に三浦義明の嫡男・義宗が長狭城を攻めている（『延慶本平家物語』第二末十二）。当然、海上交易の版図伸長が目的だったと思われる。

(81) 前掲注(76)『天津小湊の歴史(上)』一七五頁。安房国の郡制の変遷については、野口実『坂東武士団の成立と発展』(弘生書林、一九八二、二一九頁)に詳しい。安房国は「院領」「御厨」が点在し、海上交易の収益性が高かった。
(82) 前掲『天津小湊の歴史(上)』一七二頁。『御書略註』に、「房州長狭郡は和田義盛の領分なり、義盛滅亡して泰時の弟名越遠江守朝時の領所なり、朝時死去して其妻尼となる。是を名越尼御前と云う」とある(一六九頁)。「貞永式目」には未亡人が夫の所領を獲得すれば、万事をなげうって夫を弔うべきことを規定している(第二四条)。
(83) 「妙法比丘尼御返事」定本一五六二頁。日蓮と名越氏の接近は本書「Ⅲ 日蓮と政治」参照。
(84) 『本化別頭仏祖統紀』(日朝著、一七九七)は「工藤左近丞吉隆、姓は平氏、工藤民部大輔小四郎行光の子」とある。一方、「祖書證議論」(日通著、一七六九~七六作)は「諱を光隆」とし、妙隆院に伝わる縁起(「門葉縁起」)も「房州天津ノ領主、工藤小二郎行光ガ長男、工藤左近丞光隆ト云、姓ハ藤原ノ嫡流、武智麿ノ四男乙麿ヨリ十六代ナリ。文永元年甲子十一月十一日日暁ト一處ニ討死ス」とする[前掲注(22)『本化聖典大辞林』一一六九頁]。工藤氏が殉死したとされる襲撃について日蓮は「弟子一人は当座にうちとられ、二人は大事のてにて候」

（「南条兵衛七郎殿御書」定本三二七頁）と述べており、工藤氏に直接言及したものはない。
（85）『岩手県史　第二巻　中世編　上』（岩手県、一九六一）八七〜八頁。
（86）山縣明人「豆州水軍の奥州兵乱における役割―工藤行光の遠征参加への史的考察」（『政治経済史学』一七七、一九八一、三六〜四三頁）。
（87）前掲注（85）『岩手県史　第二巻　中世編　上』八六〜七頁。
（88）狩野（工藤）茂光の子について、『尊卑分脈』では狩野介宗茂・工藤二郎維光・小次郎行光とあり、「工藤二階堂系図」［前掲注（66）『続群書類従　第六輯下』六八三頁］では宗茂・行光・親光の三兄弟とする。
（89）『吾妻鏡』一二二八（安貞二）年七月五日の条。
（90）前掲注（55）『新・中世王権論』七一頁。
（91）狩野為佐は一二六三（弘長三）年八月十四日に八三歳で没する（「関東評定衆伝」）。これに従えば、光隆（光時）の討死（一二六四〈文永元〉年）は八〇代後半。祖父・茂光が石橋山の戦で自害したのは七〇代後半と伝わる。長命な家系のようだ。
（92）「本尊問答抄」定本一五八〇頁。
（93）「破良観等御書」定本一二八三頁。

(94) 安房の西蓮寺には、清澄寺入山前の日蓮が道善阿闍梨を師として学んだとの伝承がある。創建は八五八（天安二）年と伝わり、開基は清澄寺と同じく円仁である。

(95) 行光は「伊東大系図」［前掲注（19）］に摂津守民部大夫・狩野武者所とあり、『尊卑分脈』にも民了丞・武者所とある。父・茂光と兄の親光・宗茂には頼朝に供奉する記録が残るが、行光にはない。一方で茂光は、一一七〇（嘉応二）年の為朝討伐を後白河院に訴え出て院宣を下される（『保元物語　平治物語』日本古典文学大系、岩波書店、一九六一、三九八頁）。この院宣は武者所の行光が関係しているはずだ。祐経の武者所出仕は二年後である。

(96) 定本一一五二～六一頁。一八紙半、身延山久遠寺に真蹟が曾存。

(97) 米谷豊之祐氏は「乳母は感情的に主の母であり、乳母子は主の兄弟である」と指摘された（「武士団の成長と乳母」『大阪城南女子短期大学研究紀要』第七巻、一九七二、一〇五頁）。日蓮も母と乳母の恩を同列に語る（「盂蘭盆御書」定本一七七二～三頁、「一谷入道御書」定本九九三頁）。

(98) 「破良観等御書」定本一二八三頁。

(99) 前掲注（57）参照。応永年間（一三九四－一四二七）に宮崎・石塚城を築いた伊東祐武の墓所の妙円寺跡石塔群に、日向関連の人や伊東略系図の銘文がある（宮崎市教育委員会、平成十六年三月二十九日付、現地案内板）。

（100）「伯耆公御房消息」定本一九〇九頁。

（101）日蓮遺文の最初の目録は富木常忍が一二九九（永仁七）年に作成している（常修院本尊聖教事）。その後、身延山久遠寺が「録内目録」を作成したのは一三九〇（明徳元）年以降とされる（高木豊「『録外』遺文に関する書誌学的覚え書」『日蓮聖人研究』平楽寺書店、一九七二、五三〇頁）。

（102）定本一五九二頁。ほかに「ほりの内殿」に宛てた一二七八（弘安元）年十二月二十一日付「十字御書」（定本一六二〇頁）がある。これも、「御所御返事」とする「大豆御書」（定本一八〇九頁）、「初穂御書」と同様、供物への短い礼状であり、いずれも冒頭に受領の品を挙げ、「法華経の御宝前」に捧げたと端的に記している点が特徴的である。「堀内殿」は安達泰盛の妹で時宗の妻の通称である。

（103）伊東祐時の没年は一二五二（建長四）年六月十七日「伊東大系図」［前掲注（19）］、日蓮の唱導は一二五三（建長五）年四月二十八日である。「我が身はさてをきぬ、父母兄弟並びに千万人の中にも一人も随うものは国主万民にあだまるべし」（「高橋入道殿御返事」定本一〇八七頁）。

（104）「清澄寺大衆中」（定本一一三五頁）に次の一文がある。「領家の尼ごぜんは女人なり、愚痴なれば人々のいひをど（嚇）せばさこそとましまし候らめ。されども恩をしらぬ人となりて、後生に悪道に堕ちさせ給はん事こそ、不便に候へども、又一つには日蓮が父母等に恩をかほらせたる人なれば、いかにしても後生をたすけたてまつらんとこそいのり候へ」。

（105）小山内昇氏は、領家の尼（大尼）も名越の尼も一二七一（文永八）年の弾圧の際、日蓮のもとを去ったことは共通しているとしながら、日蓮の書簡の文面から「大尼御前に対する人間的な深い情愛や慈愛をみることができる」（「大尼御前御返事」定本一七九五頁）とし、他の書簡にみられる名越の尼を指弾する厳しい言葉から、「領家の尼に対する心情とは全く異なっている」とされた（「名越の尼と領家の尼について」東洋哲学研究所紀要、一九八七・一二）。そもそも大尼本人に送った書簡と、第三者に与えた戒めの例示として表れる厳しい指弾を、同列に論じるのは無理がある。しかも、「退転して数年をえた《ママ》名越の尼が、御供養するとは考えられない」と断定する一方、領家の尼が退転して数年を経て日蓮に御本尊を所望しているとしつつ、これには何ら疑問を示されていない。

Ⅱ　日蓮と将軍家

はじめに

「日蓮の出自について」で、日蓮の父は伊東祐時、母は千葉成胤の娘であると論じたが、本論はそれに続くものである。

日蓮の血筋は源頼朝以来の将軍近臣につながっていた。門下も将軍家近くの名家に広がり、日蓮一門は、それまでに歴史の表舞台から消えたかに見えた将軍派が再結集したような教団である。この立場に立つと日蓮と教団が置かれた政治状況は、どう見えるか。この視点からの先行研究はない。

一二六六（文永三）年三月の引付衆廃止から、一二八五（弘安八）年十一月の霜月騒動までを通観し、将軍家と得宗家、得宗御内人の抗争を再考する。

日蓮と将軍家

日蓮の書簡に表れる将軍家への親近感は際立つ。頼朝が平氏を破ったことで、伊勢神宮を超えて日本第一となった東条御厨。その地から弘教を始めたことを誇る。[1]

佐々木馨氏によれば、日蓮の書簡にみえる武士は計二七名。引用回数は一〇七回を数える。その中で頼朝一九回、清盛一八回、義時一五回の三名が群を抜く。清盛は王法を傾けた謗法の者、頼朝は清盛を破った勝者として登場する。日蓮は、自身の仏教的正統性の根拠を出身の東条御厨と頼朝に求める。佐々木氏は「日蓮における正統性とは、生地的・地理的正統性と頼朝的・歴史的正統性、および法華経的・仏教的正統性という三つの正統性が、いわば三位一体的に複合しつつ内在している」と述べる。[2]

日蓮門下は将軍家と近かった血筋が多い。日蓮の葬儀に参列した源内三郎を筆頭に、比企氏・太田氏・工藤氏・平賀氏・池上氏がいる。太田氏を除き、日蓮の活動期には政治の表舞台から去っていた家である。

池上氏の由緒は次の通りである。(3) 摂政藤原忠平の三男忠方が将門の乱の際に下向し、現在の池上に居を構えた。六代正定は後三年の役で源義家に従って戦功があり、七代定友は石橋山の戦に参陣し、頼朝は八代友康に「蜂龍の盃」を贈る。現在も家督を継ぐ際に盃一杯を飲む。九代康光は一一九〇(建久元)年生まれ、一二六二(弘長二)年六月十六日に没し、最終官位は従五位下左衛門尉。母は三浦氏である。弟は康親で藤七郎という。康光の子が十代宗仲。母は伊藤二郎左衛門尉祐照の長女で、その弟に印東祐信と日昭。妹は平賀有国と忠治に嫁すという。

『吾妻鏡』の記事を列挙する。一二三八(暦仁元)年二月、将軍頼経の上洛で随兵に池上康光の名がみえ、上洛中の同月、将軍の中納言任官の拝賀でも車警護十人に池上康親がいる。同年六月の頼経の春日大社社参で、将軍の輿の衛兵に康光、一二五〇(建長二)年三月の閑院殿造営の雑掌目録に、二条表の築地三本を奉仕した康光の名がある。一二五四(建長六)年六月、鎌倉中が物騒となった際、将軍宗尊のもとに参集した中に康光がいる。先の池上氏の由緒はある程度信頼してよさそうである。

池上氏も伊東氏と同様、将軍家の近臣であった。池上宗長は「御馬を預かり、御馬を出し入れする役だった」という。(4) 池上本門寺の寺域は広大で、当時であれば西に富士、東に江戸湾をのぞみ、三浦半島から房総を見渡す高台にある。北側に広がる台地は馬の調練場だったようで馬込の地名が残る。

富木常忍の父・土岐光行は、『尊卑分脈』で「実朝公大将拝賀之時随兵」とあり、「土岐系図」(『続群書類従』第五輯下)でも「鎌倉実朝将軍近仕」と記す。母の下総局は御所の女房であり、常忍自身も閑院殿造営の雑掌を務めている。(5)

「日蓮と政治」では、日蓮と政権との距離を決定づけた政治的な要因について、前期は反得宗の名越氏と近く、後期は安達泰盛との接近を指摘した。しかし、名越氏も安達氏もともに将軍近臣だった点を改めて考えたい。

北条義時が実力を蓄えたのは、頼朝の「家子専一」という将軍個人の信頼の高さによっていた。将軍家に仕える「家の子」は他の御家人よりも将軍に近く、子息が継ぐ。頼経が定めた近習の番で、江間(名越)光時は一番筆頭である。(6)光時は「家の子」筆頭だったし、名越氏は将軍家の近臣として仕えてきた。

光時は祖父・義時の後を継ぎ、江間を本領として義時と同じ江間を名乗る。光時の子・親時も江間を名乗った。(7)義時直系の本流意識の継承である。時頼が突然、義時の追号を「得宗《とくそう》」にして本家の証としたのは、江間を名乗れない苦肉の策だった可能性がある。

これまでも名越氏の家柄の高さは指摘されてきた。(8) しかし、その高さの根拠は明確ではなかったと思う。それは将軍家との近さであり、官位の高さに表れているのではないか。官位の推挙は将軍の専権である。『尊卑分脈』で貞時までの執権・連署と名越氏の官位を比較する（**表4**）。

〈執権・連署〉　　　　　＊（　）は連署
従五位下：時政
上：長時
従四位下：義時・時宗・貞時・（重時）
上：政村
正四位下：泰時・時頼・（時房）

〈名越氏〉
従五位下：光時・時章・時長・時幸
上：教時

正五位下：公時
従四位下：朝時

朝時は、執権義時・時宗、連署重時と並ぶ官位を与えられ、二月騒動で殺された教時が執権長時と同位である。時章の嫡男・公時は長時を超える。

将軍頼経は一二三八（暦仁元）年十二月二十三日から二十五日まで、方違のため朝時の名越邸に逗留する。一二五〇（建長二）年十二月二十七日の近習の結番で将軍頼嗣は、一番の筆頭を時長、次いで時兼・教時として名越三兄弟を指名する。時基も一二五三（建長五）年元旦の年始の儀で、兄・教時とともに御馬を引き、その後も将軍宗尊の供奉を記す記事が多い。時章の嫡男・公時も、一二四八（宝治二）年四月二十日の三島社奉納の小笠懸で射手を務めた後、頼嗣・宗尊の近習として仕え、一二六〇（文応元）年二月二十日には廂御所（宿直警護）の一番となっている（以上『吾妻鏡』）。

名越氏は常に将軍派であり、教時のような急進派もいた。

二月騒動については議論がある。一つは、名越氏など反対勢力の排除のため得宗家が先制攻撃を仕掛けた、との説である。(9)「日蓮と政治」ではこれに従い、日蓮の活動を前期と後期に分けることになった。もう一つは、文永年間を通じて得宗家が警戒したのは将軍家の伸長であり、二月騒動は将軍派への先制攻撃だった、との説である。[10]

南基鶴氏が提示した後者の説は、将軍派の中心に教時を挙げる。一二六六（文永三）年七月、教時は宗尊追放の際、軍兵数十騎を率いて現れ、時宗の制止に陳謝しなかった。[11] 京で討たれた時宗の異母兄・時輔は将軍派である。[12] 所領を没収された安達頼景も一二五四（建長六）年六月に「鎌倉中物騒」となった際、池上康光と同様、将軍のもとに参集した一人だった。同じく京で召篭めとなった中御門実隆も宗尊に近侍した貴族だった。宗尊は騒動後の二月三十日に出家する。事件との関係が疑われる。南氏は指摘されないが、二月騒動は教時の兄・光時が処分された宮騒動と瓜二つの構造をもつ。

日蓮は、「ながされずして、かまくら（鎌倉）にだにもありしかば、有りしいくさ（戦）に一定打ち殺されなん[13]」と述べ、「去年（文永八）より謀叛の者国に充満し、今年二月十一日合戦。其より今五月のすえ、いまだ世間安穏ならず[14]」とする。得宗派から将軍派とみられていると日蓮は自覚し、一般に知るはずがない合戦の動きを早くに察知している。[15] 日蓮の情報網が将軍派に伸びていた証だろう。教時は、母（名越の尼）も妻（新尼）も著名な日蓮門下だ。

伊東氏も名越氏と似る。「家の子」だった祐時が亡くなると、後継に将軍家が六男祐光を指名する。二月騒動では、伊東祐光の甥にあたる康祐が京都で討たれるが、その父・祐景の家督は弟・盛祐が継ぐよう将軍家が指示していた。将軍家の介入と、祐光・祐景がともに千葉氏の母をもつとするのは偶然だろうか。私は、日蓮の母は千葉胤正の嫡男・成胤の娘であるとした。胤正は、頼朝が寝所の警護にあたらせた一一人の「家の子」の一人であり、[16]成胤も死の直前に実朝が見舞い、忠義を賞して「子孫については特に目をかけよう」と約している。[17]

日蓮は、承久の乱の朝廷の敗北を語るのが常だった。それが幕府や御家人に強い影響を持つと知っていた。日蓮は承久の乱を母の胎内で過ごし、父・伊東祐時は膨大な所領を安堵される。上皇に反抗する前代未聞の戦は、鎌倉殿の御恩に報いるとの大義が貫いていた。この主従関係は御家人に代々継承された。鎌倉末の小代伊重（宗妙）の置文は、頼朝時代の勲功も、後の不当な処分も代々将軍家は伝承しているから、時の将軍に奉公せよと遺言し、筆致に迷いがない。伊重の態度は鎌倉末の御家人の在り方として当然だった。[18]日蓮の時代に、将軍家に忠誠を尽くす御家人の集団があって不思議はない。

日蓮没後、得宗家執事の平頼綱が奇襲により安達泰盛の軍勢を滅ぼす。霜月騒動である。

安達側の死者に、日蓮門下の一族と思われる者がいる。池上藤内左衛門尉・南部孫二郎・綱島二郎入道である。[19] 伊東三郎左衛門尉の名もみえ、景祐か祐家とされる。いずれも日蓮の甥だ。日蓮が曼陀羅を与えた千葉胤宗も兵を率いて御所の警護にあたっている。[20]

泰盛は得宗家との強い血筋を結ぶとともに、将軍「家の子」でもある。一二七〇（文永七）年三月七日、将軍惟康の元服後の方違は泰盛邸だった（『鎌倉年代記裏書』）。村井章介氏は、『吾妻鏡』の分析から「将軍の親衛軍ないし側近の名簿には、かならず泰盛の名がみえる」とし、「御所の近辺に『宿所』を構えていた」と指摘された。[21] 得宗家執事として力をつけた頼綱と、将軍家と得宗家のバランスの上に御家人統治の安定を図った泰盛とは、代表する利益がちがって当然である。その熾烈な闘争の結果として霜月騒動があった。

こう考えると、将軍家の近臣・縁者が結集したような日蓮の教団が、頼綱と泰盛の抗争に強く影響を受け、振幅したのは必然だった。「日蓮と政治」において、日蓮と幕府との距離を決定づけた政治的な要因について、前期は名越氏との近さを、後期は安達氏との接近を挙げたが、実は、前後期を通じて将軍家との近さが問題だった。

「上《かみ》」の再考

日蓮の書簡に表れる「上《かみ》」について考えたい。これまで「上」は権力者を指す代名詞と理解して、文脈に応じて執権を当てたり、主君を当てたりしたが、それで正しいのか。

光日尼に宛てた「種種御振舞御書(22)」には、「上」が数多く記される。次は、日蓮が竜ノ口から越智の本間六郎邸に連行された際の記述である。

「其日の戌の時計りにかまくら(鎌倉)より上の御使とて、たてぶみ(立文)をもつて来ぬ。頸切れというかさ(重)ねたる御使かとものゝふどもはをもひてありし程に、六郎左衛門が代、右馬のじようと申す者、立てぶみもちてはしり来りひざまづひて申す。今夜にて候べし。あらあさましやと存じて候つるに、かかる御悦びの御ふみ来りて候。武蔵の守殿は今日卯の時にあたみ(熱海)の御ゆ(湯)へにて候へば、いそぎあやなき(無益)事もやと、まづこれへはしりまいりて候と申す。かまくらより御つかひは二時(ふたとき)にはしりて候。今夜の内にあたみの御ゆへははしりまいるべし、とてまかりいでぬ。追状に云く、此の人はとが（失）なき人なり。今しばらくありてゆるさせ給ふべし。あやまち（過）しては後悔あるべしと云々」

　この立文・追状の発給人である「上」は誰なのか。次の「上」と同一人物ではないか。佐渡で日蓮斬首を狙う動きが活発な中での話である。

「守殿の御臺所の御懐妊なれば、しばらくきられず。終には一定ときく。又云く、六郎左衛門の尉殿に申して、きらずんばはからうべしと云ふ。多くの義の中にこれについて守護所に数百人集まりぬ。六郎左衛門の尉の云く、上より殺しまいすまじき副状下りて、あなづ（蔑）るべき流人にはあらず、あやまちあるならば重連が大なる失なるべし」

　執権時宗の妻が懐妊したのでしばらくは斬られないが、いずれ必ず斬られると言う者もあり、本間六郎に対して、自分で斬らないならこちらに任せと言う者もいた。議論百出の中で、守護所に数百人が集まってきた。その者たちに本間は「上より殺してはいけないという副状があり、侮蔑していい流人ではない。過ちがあったら私の大失態になる」と伝える。この「上」を、本間の言葉として時宗と読むことはできる。しかし、そう読むと先の立文・追状も時宗の発給となる。日蓮自身の言葉で時宗を「上」とはいわない。この書簡でも、時宗は「相模守」「守殿」である。

一二六八（文永五）年の蒙古牒状で、立正安国論の予言が的中すると日蓮は、時宗以下、幕府と僧の要人一一人に評定を求め書簡を送る。それに対し要人は「或は使を悪口し、或はあざむき、或はとりも入れず、或は返事もなし。或は返事をなせども上へも申さず」と日蓮は憤慨する。この「上」は幕府では意味が通らない。時宗に日蓮は書状を送っている。続けて日蓮は記す。

「これひとへにただ事にはあらず。設《た》とひ日蓮が身の事なりとも、国主となり、まつり（政）事をなさん人々は取りつぎ申したらんには政道の法ぞかし。いわうやこの事は上の御大事いできたらむのみならず、各々の身にあたりて、をほいなるなげき出来すべき事ぞかし」

国主は「政事をなさん人々」で「国主となる」者だから、時宗を含む北条一門を指すと思われる。このすぐ後で「国主はどうし打ちをはじめ」とあり、間違いない。では、執権や北条一門が取り継ぐべき人で、蒙古の攻めを「上の御大事」とする「上」は誰か。

さらに、侍所で訴えの内容が真実か否かを奉行人が日蓮に問う。「奉行人の云く、上へのをほせかくのごとしと申せし」[23]。奉行人が「上への訴えはこうである」とする「上」は誰を指すのか。

日蓮が四条頼基にあてた書簡に次の一節がある。頼基に代わって、日蓮が政所に提出する陳状を書いた際、[24] 右筆に清書を依頼するよう指示する。それに添えた言葉である。

「いたういそがずとも内内うちをしたため、又ほかのかつばら（彼奴原）にもあまねくさはがせて、さしいだしたらば、若しや此文かまくら内にもひろう（披露）し、上へもまいる事もやあるらん。わざはひの幸はこれなり」[25]

清書を急がずに内々で準備し、諸人に周知した後に提出したら、書面が鎌倉中に広まり「上」に届くかもしれない、という。そして「上」に届けば、災いが福に転じるという。

別の書簡でも次のようにある。

「えもんのたいう（右衛門大夫）のをや（親）に立ちあひて、上の御一言にてかへりてゆり（許）たる」[26]

当時、池上宗仲は父・康光から勘当されていた。それを「上」の御一言で許された。日蓮の場合も宗仲の場合も、窮状を一筆、一言で救い、頼基の場合は陳状さえ伝われば救ってくれると期待する。しかも、双方の弾圧には、幕府の要人が関わっている。「上」を時宗ないし安達泰盛としてきたが、修正が必要だ。日蓮は要人の呼称を、通称で通す。時宗は先の通りで、泰盛は「城殿」である。「上」は、執権よりも立場が高く、日蓮に加担して不思議でない者だ。

これまでの考察から、将軍の他に想定するのは難しい。池上氏は「康」が通字で、宗仲も当初は康仲だった。関東の工匠らが将軍宗尊の命令に従わなかった際、宗尊は康仲に神道十二条と聖徳太子の像を与え、工匠らを説得させる。その成功を賞した宗尊は御諱の一字を与え宗仲にしたという[27]。弟の宗長も宗尊の命名にちがいない。

頼基への書簡で、「主君」、「主」、「君」と呼称される江間（名越）光時・親時と、「上」と呼ばれる将軍を比較すると、所領の発給は将軍が行っている。この点は重要で、更に検討が必要だが今は先を急ぐ。所領替えに不平を抱く頼基に、日蓮は「あまりに所領をきらい、上をかろしめたてまつり候[28]」と戒め、将軍の決定を尊重するよう諭す。さらに続く。

「上よりめされいださむは法華経の御布施、幸と思ふべし（中略）此所領は上より給たるにはあらず、大事の御所労を法華経の薬をもつてたすけまいらせて給て候所領なれば、召すならば御所労こそ又かへり候はむずれ。爾時は頼基に御たいじやう（怠状）候とも用ひまいらせ候まじく候と、うちあてにくさうげ（憎体気）にてかへるべし[29]」

将軍から召し上げられる所領は、法華経への布施と思う。なぜならこの所領は将軍から拝領したのではなく、将軍の病を法華経の薬で助けて頂戴したのだから、召し上げたら病も帰ってくる。その時に謝罪があっても頼基は治療できない、と奉行人に伝えるよう述べる。頼基は、親時に供して御所に出仕しながら、将軍を治療していた。(30)

日蓮と門下の将軍家との近さを前提にすると、次の日昭の伝承が気にかかる。日昭は左大臣近衛兼経の養子になったという。(31)母の妙一尼の関係だという。妙一尼は工藤祐経の長女で、京に生まれた。祐経は平清盛の嫡男・重盛を烏帽子親として元服し、後白河院の武者所筆頭「一﨟」となる。(32)一方、重盛の妹・盛子は近衛基実に嫁し、基通の養母となる。妙一尼が基通の孫・兼経と縁があっても不思議はない。兼経の娘の宰子は宗尊に嫁し惟康親王を産む。将軍宗尊は日昭の義弟、惟康は甥になる。日昭は、日蓮が佐渡に流された際も圧迫を受けた形跡が一切なく、鎌倉で門下の教導を託された。

一二七七（建治三）年に妙一尼が身延の日蓮を訪ねた時、日蓮は池上宗長の妻に、こう感謝する。

「このたび此尼御前、大事の御馬にのせさせ給ひて候由承はり候。法にすぎて候御志かな。これは殿はさる事にて、女房のはからひか。（中略）此馬も法華経の道なれば、百二十年御さかへの後、霊山浄土へ乗り給ふべき御馬なり」(33)

宗長が将軍惟康から預かっている御馬を「法にすぎて」妙一尼に貸し出し、身延に乗せてきたという。妙一尼が将軍の祖母だからこその特例だった、とされる。[34]これを完全に否定することは難しいと思う。

日昭の伝承と符合するように、日蓮の弟子は京に上るものも多かった。三位房もせう（少）房も、京から鎌倉に戻った後も阿闍梨を名乗らず、叡山の学生式に従ったのではない。京の親族が面倒をみたと考えられる。日蓮没後、孫弟子の日像らが京で布教するが、日像の高祖父・大内惟義は後鳥羽上皇の家臣で、近畿周辺六か国の守護だった。[35]池上宗長も分家して京に住み、足利以降も代々幕府の作事奉行という。[36]宗長の妻は日像の姉妹で、上京は大内氏の縁だろう。日蓮も阿闍梨号を受けて叡山を降りた後、京で真言宗覚鑁の「五輪九字明秘密義釈」を書き写す。[37]日蓮の祖父・祐経は後白河院と重盛に仕え、父・祐時も京の滞在が目立つ。[38]日蓮と弟子には、親族を通じて京との交流があったと思われる。日昭が近衛兼経の養子になったという伝承も直ちには否定できない。

日蓮と将軍の関係を別の視点から見る。「種種御振舞御書」の「上の立文」「上の副状」は一二七一～二（文永八～九）年、御馬の許可は一二七七（建治三）年、「上の御一言」は一二七八（建治四）年である。惟康は一二六四（文永元）年生まれだ。建治年間の「御馬貸与」や「上の一言」はおくとして、文永八～九年の「上の立文」、「上の副状」は惟康自身の発給とは思えない。将軍の意思を代行する機関ないし人がいたと想定できる。

坂井孝一氏は、『吾妻鏡』は「将軍」とせず、必ず「将軍家」と記すと指摘された。(39)『吾妻鏡』が「家」を付す必要がなぜあるか。御家人の忠義が、将軍個人ではなく将軍「家」にあったからではないか。頼朝も、あえて将軍家政所名で下文した。その「家」を誰が形作り継承していたのだろう。「家」の公務は将軍近侍の文官官僚群である御所奉行が担い、将軍と妻子は、もっとも信頼する女房たちや奉公人（御所御中間）を側におく。そうした者たちの家も表には出ないが将軍一家にちがいない。御所の女房を娶った江間義時も、土岐光行も将軍近臣だ。その子息たちも将軍派として成長していく。

二月騒動も宮騒動と同様、将軍の復帰を求める勢力があった。その主体は将軍「家の子」たちだ。騒動は彼らが頼経・宗尊以来、将軍派として結束していた証である。御所奉行や金沢実時・安達泰盛は、彼らと気脈を通じつつ幕政の安定に腐心していたと思う。(40)

日蓮の佐渡流罪中、大仏宣時が「私の下知」、「虚御教書」を発給し、日蓮門下を圧迫した。日蓮はこれを「上」に訴え出て赦免される。「上へ此由を申されければ、案に相違して、去文永十一年二月十四日御赦免の状」と記す。(41)「日蓮と政治」では「時宗に訴え出て、赦免に繋がる」とした。これも修正が必要である。

日蓮は一二七四（文永十一）年一月十四日に「法華行者値難事」を書き、宛名を富木殿・河野邊殿等中・大和阿闍梨御房等中・一切我弟子等中・三郎左衛門尉殿と列記し、「一切の諸人之を見聞し志有ん人々は互に之を語れ」と指示した。[42] 書面には前年十二月七日付の宣時署名の指令書を正確に引き写す。これは依智六郎左衛門尉に宛てた奉書形式のもので、「流人の日蓮が弟子等を引率し悪行を企んでいるとの情報があり、今後、日蓮に随う輩は厳罰し、更に違犯があれば名簿を提出するようにとの仰せである」と記す（巻末「史料3」参照）。

日蓮は「私の下知」、「虚御教書」を宣時は三度作ったとするが、[43] 訴え出ようとしたのは、これが初めてだった。「法華行者値難事」は動かぬ証拠を門下に周知して騒ぎを起こし、宣時の不法を評定に訴えることを狙ったものだろう。『御書略註』は、これで宣時の不法が将軍と時宗に届いて大騒ぎとなり、妙一尼が訴人となって、将軍の命で日蓮の赦免が評定にかけられたとする。[44] 妙一尼と将軍の関係から十分に可能性のある話だが、一方で日蓮は将軍家が動きやすいように環境を整える。

先にみた頼基の場合も、日蓮は事前に騒ぎを起こしてから訴えるよう指示しており、陳状が自然な形で「上」に届くことを期待した。これは「法華行者値難事」の手法を模したものだろう。権力者の揉み消しを封じるためにマスコミに告発して当局の動きを促すような、周到で政治的な動きである。日蓮は赦免されたことを「案に相違して」とあえて述べる。ここから逆に、赦免が実は計略的だったことがみえ、将軍家への配慮がうかがえる。前年、塩田義政が連署と武蔵守に任官して日蓮を預かったのが転機だったはずだ。

宣時の御教書は「日蓮が悪行を企んでいる」としており、守護に与えられた謀反ないし悪党退治の職権に基づくものである。流人の日蓮が御教書の中身について異議を申し立てることは困難だったに違いない。実際、配所の前を通ったからと牢に入れ、物を差し入れたからと国を追い、また妻子を捕るといった処罰が実行されている[45]。ところが今回は武蔵守を解かれ、その職権が義政に移った(「関東評定衆伝」)。にもかかわらず宣時は御教書を発給した。内容の真偽を問う前に越権が明らかな不法である。これが日蓮が初めて訴え出ようとした理由にちがいない。形式からすれば「私の下知(御教書)」であり、内容からすれば「虚御教書」である。

赦免評定の二日前、二月十二日に鎌倉で合戦があり、江間親時も攻められた[46]。親時は無事だったが、これと評定は無関係だろうか。前年九月に評定衆の末座に就いたばかりの宣時が、その評定で裁かれることは明らかである。頼綱らによる将軍派への抵抗ないし示威行動と考えられる。

将軍家と得宗家

日蓮と政権との攻防を軸にすると、どういう政治史が現れるのか。それを考察する。

金沢顕時が霜月騒動で配流される前日、称名寺開山妙性に送った書状がある。永和年間（一三七五－九）に寺領の訴訟で称名寺関係者が作出した偽文書であると判明している。問題は内容である。

顕時が「身の危険は文永六年からあり、薄氷を踏むような十年だった」と述べ、過去に誅殺された四名を載せる。「文永九年正《ママ》月十四日、名越尾張入道・遠江守兄弟、倶に非分に誅せられ候い了ぬ。同年二月十六日、六波羅式部丞誅され候。今年又城入道、十一月十七日誅せられ候い了んぬ[47]」。名越時章・教時、北条時輔、安達泰盛の四人の死が不当な処刑だったという。訴訟の文書だから、人々が「さもありなん」と納得できたはずだ。細川重男氏は「この文書が作成されたこと自体が、時宗政権が異常な緊張状態にあったこと、二月騒動が霜月騒動と並ぶ衝撃的な事件であったことが、百年以上後にまで記憶されていたことを示している」とされた[48]。

日蓮自身は一二八二（弘安五）年十月十三日に没し、後の霜月騒動には直接関わりがない。ところが、残された弟子・門下に激しい圧迫があった。二月騒動から霜月騒動までの日蓮と門下の動きを日蓮の書簡で追ってみる。

○一二七一（文永八）年九月十二日に日蓮は平頼綱に逮捕され、竜ノ口の刑場に連行される。相模の本間六郎館に「上の立文・追状」が届く。日朗はじめ五人が投獄され、日蓮は十月末に佐渡へ流される。配所は国府至近の塚原。

○一二七二（文永九）年一月、守護所で本間が「上の副状」を披露し、念仏者と法論。日蓮は本間に二月騒動を予言する[49]。二月十一日、名越時章、教時が得宗被官に誅殺される。日蓮門下も処刑され、日蓮自身「鎌倉にいたら殺されていた」と語る[50]。四月に塚原から一の谷に移り、門下の往来がはじまる。五月、日蓮は赦免運動の禁止を門下に通達する[51]。大仏宣時が三回にわたって「私の下知」、「虚御教書」を送り、念仏者に日蓮の誅殺を命じる[52]。比企能本が安達泰盛に働きかける[53]。

○一二七四（文永十一）年二月十二日、鎌倉で合戦があり、江間親時も攻められる。[54]二月十四日、赦免決定。三月八日、佐渡に赦免状到着。三月十三日、佐渡一の谷発。金沢実時の衛兵に守られ善光寺を通過。[55]四月八日、平頼綱と面会し、蒙古の来襲は年内と伝え真言師（官僧）の祈祷中止を求める。[56]五月十七日、身延に入る。

○一二七六（建治二）年四月十六日、池上宗仲が父・康光から勘当され、日蓮は兄弟に書簡を送る。[57]七月、池上宗仲が改心。[58]九月六日、四条頼基に「今年はきみをはなれまいらせ候べからず」と指示する。[59]

○一二七七（建治三）年五月十五日、南条時光に「殿もせめをとされさせ給ふならば、するがにせうせう信ずるやうなる者も、又、信ぜんとおもふらん人々も、皆法華経をすつべし」と危機を伝える。[60]六月二十三日、頼基に信仰を捨てよと下文がある。[61]八月四日、弥三郎に「地頭のもとに召さるる事あらば（中略）但偏に思ひ切るべし」と心構えを説く。[62]十一月二十日ころ、池上宗仲が康光から再勘当される。[63]

○一二七八（建治四）年一月、「上の御一言」で宗仲が許される。[64]頼基が親時の出仕に御供。[65]同（弘安元）年十月、頼基に所領の発給がある。[66]十月二十二日、頼基に「大難もかねて消え候か」と伝える。[67]

○　一二七九（弘安二）年十月に熱原地方で圧迫があり、問注を準備。十五日に熱原の者が御勘気を被る。[68] 二十三日、頼基が強敵と取り合う。[69]
この後、一二八二（弘安五）年十月十三日の日蓮の逝去まで明白な圧力はない。一二八五（弘安八）年に入って高弟五人の住房を破却すると圧迫があり、四月に日昭と日朗は「我々は天台宗であり、叡山伝教の本流の弟子である」と天台沙門を名乗り、「申状」を提出して難を逃れる。[70]

日蓮と門下への圧力には波がある。ピークは、①一二七一（文永八）年九月〜翌（文永九）年四月、②一二七六（建治二）年四月〜翌（建治三）年の年末、③一二七九（弘安二）年十月、④日蓮没後の一二八五（弘安八）年、の四回である。①については、頼綱らと将軍派との抗争のうちにあったことは明らかである。順にみていく。
②の時期に、幕府で二つの事件が起こる。一つは、一二七六（建治二）年九月、評定衆の安達時盛が突然、遁世し、誰にも告げずに寿福寺に入る。遁世の処分は厳しい。時盛は所領を没収され、兄の安達泰盛は義絶する。鎌倉は騒然とした。
もう一つは、一二七七（建治三）年四月四日に病で出家した連署の塩田義政が、五月二

十二日にやはり突然、遁世した。「家中の人々」にも知らせず、信濃の善光寺に入る。時宗は、翻意を促すために使いを走らせたが、義政は動かず、所領は没収された。『建治三年記』には「内外仰天」とある。

この二つの事件を網野善彦氏は、「幕府の要人の、こうしたあいつぐ遁世の背後には、泰盛と頼綱のあいだの、かなり危機的な対立があったのではないか」と指摘され、前後の評定衆などの重要人事が、すべて泰盛と頼綱の対立の影響を受けたとされた[71]。②も幕政内の闘争と関連していたとみてよいと思う。

一二七七(建治三)年十一月、日蓮は宗仲の再勘当の報告を聞き、弟・宗長に厳しく激励する。

「今度はとのは一定をち給ひぬとをぼうるなり」、「とのは現前の計らひなれば親につき給はんずらむ」、「法華経のかたきになる親に随ひて、一乗の行者なる兄をすてば、親の孝養となりなんや。せんするところ、ひとすぢにをもひ切つて、兄と同じ佛道をなり(成)給へ[72]」。

今度は必ずあなたは法華経を捨てる。目先の利益を考えて父親につくにちがいない。法華経の敵となる親に従って兄を捨てることが本当の孝養になるものか。一筋に思い切って兄と同じく仏道に入りなさい、とした上で「当時も武蔵の入道そこばくの所領所従等をすてて遁世あり。ましてわどのばらがわづかの事をへつらひて、心うすくて悪道に堕ちて日蓮うらみさせ給ふな」と、義政の遁世を引き合いに、財産を惜しんで力にへつらうなと諫めている。日蓮は、兄弟への圧迫と義政の遁世の関連を意識していたと思われる。

義政の連署は一二七三（文永十）年六月十七日から一二七七（建治三）年四月四日までだ。[73]元寇を乗り切り内政は安定し、日蓮も佐渡赦免から身延入山と比較的平穏な日を送っている。この時期は最後の一年を除いて泰盛派が優勢だったのだろう。一二七五（建治元）年十月、泰盛が将軍代行の御恩奉行を務めている。[74]日蓮はこの二派の対立を意識し、それが自身と門下の安全に直結すると自覚していた。

③は、得宗領の駿河、しかも葛西殿（時宗の母）縁故の富士・熱原地方での圧迫であり、ここの門下に日蓮は以前から注意を与える。恒常的な危機感は地政からのものだ。日蓮は一二七九（弘安二）年の書簡で、熱原地方の圧迫が鎌倉に波及すると想定し、門下に覚悟を求める。「一定として平等も城等もいかりて此一門をさんざんとなす事も出来せば、眼をひさい（塞）で観念せよ」[75]。頼綱と泰盛の対立を前提に、今回はその両者から圧迫があるという。日蓮は騒動の拡大を警戒し、早期の決着を第一に訴訟指揮を執る。

一二七七（建治三）年の圧迫をしのぎ、一二七九（弘安二）年の局所的な圧力が収束すると、再び平穏になる。日蓮没までの三年、霜月騒動までの六年の歳月である。本郷和人氏は、泰盛派は統治を優先する統治派、頼綱派は御家人利益を優先する利益派と二分し、一二六六（文永三）年から一二八五（弘安八）年まで、どちらが優勢だったかを分析された。[76] 頼綱（利益）派は一二七二（文永九）年から一二七七（建治三）年まで優位に立つものの、その後、一二八五（弘安八）年の霜月騒動まで泰盛（統治）派優位が続く。先の義政連署の一時期を除けば、日蓮と門下に圧迫がなかった時期と、泰盛が優位だった時期が重なる。

時宗に目を転じる。二月騒動の顛末は、頼綱ら得宗被官が引き起こした事態に、泰盛らが異議を唱え、射手の被官を処分する。[77] この事件に時宗が、どう関わり、判断したのか、よく分からない。本郷和人氏は、「時宗が調整役を果たすことによって、二派の全面衝突は避けられていた。ただし彼には、二派の対立を止揚する政治方針を指し示すことはできなかった」とされた。[78] 同時期の日蓮の処遇も時宗の動きは不明瞭である。どんな事情があるのか、日蓮の視点から考える。

日蓮は後に、時宗の動きをこう綴る。「かうのとの（守殿）は人のいゐしにつけて、くはしくもたづねずして、此御房をながしける事あさましとをぼして、ゆるさせ給ひ[79]」。日蓮の配流について時宗は、他人の意見に従っただけで、詳しくは尋ねなかった、という。日蓮の認識は、次の通りである。日蓮を憎む高僧たちは「訴状も叶はざれば、上郎尼ごぜんたちにとりつきて、種々にかま（構）へ申す[80]」。「故最明寺殿・極楽寺殿を無間地獄に堕ちたりと申す法師なり。御尋ねあるまでもなし。但須臾に頸をめせ。弟子等をば又或は頸を切り、或は遠国につかはし、或は籠に入れよと、尼ごぜんたちいからせ給ひしかば、そのまま行はれけり[81]」。「外には遠流と聞へしかども、内には頸を切ると定めぬ[82]」。駿河の門下への書簡にも「するがの国は守殿の御領、ことにふじ（富士）なんどは後家尼ごぜんの内の人々多し。故最明寺殿・極楽寺殿の御かたきといきどをらせ給ふ[83]」とある。

「尼ごぜん」は、故最明寺殿（時頼）の妻で極楽寺殿（重時）の娘の葛西殿である。日蓮の捕縛・斬首の実行は侍所所司の頼綱だったが、背後で頼綱を動かしていたのは葛西殿だと日蓮は認識している。宣時も同様であろう。評定を無視した斬首や虚御教書の発給は、大きな後ろ盾が必要である。そう考えると、時宗の傍観者的な態度も理解できる。葛西殿が時宗に「亡き夫と父の敵」と強い憤りを訴えたのではないか。これは泰盛にも言える。重時の娘を妻に持つ点で、時宗と立場は同じである。

佐渡から戻った日蓮は頼綱に呼び出される。「四月八日平の左衛門の尉に見参しぬ。さき（前）にはにるべくもなく威儀を和らげてただ（正）しくする上、（中略）平の左衛門の尉は上の御使の様にて、大蒙古国はいつか渡り候べきと申す[84]」。頼綱の態度が豹変したと日蓮は驚く。

一二七一（文永八）年、七二（同九）年は葛西殿が背後にいて、時宗も頼綱らを制止できなかった。寝所の警護もしただろう御内の被官を敵にできない。それを知っていた頼綱は躊躇なく非法な実力行使に出たのではないか。ところが今回は、「上の御使い」のようだったと日蓮は述べる。評定も執権も意に介さず振舞えた頼綱も、将軍家の命令には従った。日蓮と将軍家の近さを考えると、将軍家があえて赦免後に面会を命じたとも思える。これ以降、日蓮自身に弾圧はなくなる。日蓮は身延に向かうが、これを「隠居[85]」、「流浪すべきみ[86]（身）」と表現する。日蓮の政治力は封印される。

葛西殿は葛西谷に居を構え、駿河など得宗領を支配した[87]。一二九八（永仁六）年の難破唐船の積載物に関する『青方文書』第一～七〇号に「葛西殿御分」とある。積載物は莫大な砂金・水銀・銀剣・真珠・蒔絵・白布等々である。日蓮と対峙した忍性は、①六浦に加え鎌倉の港湾・飯島の管理と関税徴取権、②飯島から稲村ケ崎の海岸の取り締まり権を幕

府から与えられた。葛西殿はじめ得宗家と御内人、忍性などの律僧が海上交通をおさえ、貿易船の巨大な富を得ていた。(88)

葛西殿と頼綱一族との関係も密接だ。執権高時の下文では、肥後の所領二か所を「葛西殿の御時の例」の通りに得宗被官・長崎宗行に安堵する。葛西殿が得宗領を差配し、長崎氏に与えた。(89)時宗の葬儀で無学祖元が時宗の十徳の筆頭に「母に事《つか》うるに孝を尽くし」と挙げる(『仏光国師語録』巻四)。時宗と葛西殿の関係は広く知られていた。

一二八五(弘安八)年の「新御式目」で得宗が順守すべき徳目に、僧侶や女性を政治に口出しさせるなとある。(90)この規定の存在自体が、過去に僧侶や女性の介入で執権政治が歪められたことを物語る。葛西殿は、時宗も頼綱も、孫の貞時も見送って一三一七(文保元)年に没する。(91)日蓮の圧迫は、葛西殿・頼綱ら得宗家御内人が主導し、日蓮の保護には将軍家・金沢実時・安達泰盛などが動いていた。時宗はこの攻防から距離を置かざるを得なかった。

先の考察から「上」の動きの特徴も明らかになる。将軍家は、評定での決定を守り、それを超える動きを諫める。竜ノ口の立文・追状や佐渡の副状でも、指示は「殺してはいけない」の一点である。池上父子の問題も勘当という私的な動きに将軍家は介入している。

次の日蓮の言及は象徴的だ。赦免の経過を綴る。

「内々あやまつ事もなく、唯上《ただかみ》の御計ひのままにてありし程に、（中略）科なき事すでにあらわれて、いゐし事もむなしからざりけるかのゆへに、御一門諸大名はゆるすべからざるよし申されけれども、相模の守殿の御計ひばかりにて、ついにゆり候て、のぼ（登）りぬ[92]」

私刑で殺されずに「上」の指示で無事に暮らせたとし、北条一門の者たちは反対したが、時宗の判断で赦された、と振り返る。将軍家の合法的で抑制された態度と比較して、頼綱ら得宗被官や宣時の非法はその対局にある。日蓮は、これを強く批判する。

「師子の中のむしの師子を食らひうしなふやうに、守殿の御をんにてすぐる人々が、守殿の御威をかりて一切の人々ををどし、なやまし、わづらはし候うへ、上の仰せとて法華経を失ひて、国もやぶれ、主をも失つて、返つて各々が身をほろぼさんあさましさよ[93]」

執権ばかりか、将軍家さえも頼綱らは利用する。以上が、日蓮の目を通して見た幕政の内実だ。頼綱はその後、時宗の死と霜月騒動の勝利を得て、一二八六（弘安九）年閏十二月から執権の職域も手中にする。得宗家の重要政務を得宗花押のない「執事書状」で行い頼綱専制を敷く[94]。「身をほろぼさんあさましさ」と日蓮は述べたが、専制七年余りの一二九三（正応六）年四月二十二日、執権貞時によって誅殺される。

金沢顕時の書状に戻る。「薄氷を踏む十年」の当初一二六九（文永六）年に引付衆の復活・再設置がある。顕時も引付衆に初選任された。これが危機の始まりだろう。ではその三年前の一二六六（文永三）年に、引付衆が廃止になったのはなぜか。廃止は三月で、六・七月で将軍宗尊を辞職させる。これは無関係な出来事だろうか。

一二六六（文永三）年六月二十日、時宗・政村・実時・泰盛の四人による「深秘御沙汰」で宗尊の更迭を決める（『吾妻鏡』）。「深秘御沙汰」は、執権の意思を貫徹する際の秘密会議だが、どうして公式の評定ではなかったのか。『吾妻鏡』から読み切れないが、評定には将軍の意思が反映されたのではないか。将軍と無関係に執権が舵を握れるなら、「深秘御沙汰」という不自然な場を作る必要はない。御家人は、評定に将軍の意思が反映されることで執権政治を容認したのではないか、と思う。だから『吾妻鏡』は御家人の思いを逆なでしないよう、「深秘御沙汰」という公式か非公式か分からない言葉を創作して、執権の独裁ではない、と言い訳を記したのだろう。

一二五九（正元元）年九月に御所奉行の二階堂行方・武藤景頼が評定衆に就任する。池田瞳氏の指摘に従えば、将軍宗尊が最側近二人を評定に送り込んだのだ。対抗する時頼は実時と平岡実俊（金沢氏被官）が押さえていた小侍所の別当と所司に、時宗と工藤光泰（得宗被官）を送り込む。これで時頼は、将軍—御所奉行—小侍所という将軍の下命ラインに介入する新たなラインを得る。[95] このラインで時頼が強く迫ったのが、将軍供奉で時輔よりも時宗を上位に置くことだった。宗尊は強く抵抗したのだろう、間に入った景頼と実時が謹慎するも時輔の厚遇は続く。当時、将軍と得宗が権力の所在をどこに求めたかがうかがえる。席次である。それは将軍の専権だった。

御家人は将軍に近い席を得ることが最も重要だった。工藤祐経と佐々木信実の騒動が象徴的だが、兄弟の場合でも、伊東氏のように将軍が直に弟を惣領と決めることもあるし、席次をもって誰が惣領にふさわしいかを一族のみならず御家人社会に広く示す権威があったはずである。[96] 将軍による席次は、惣領と庶子の決定に直接影響した。これが宗尊と時頼が時輔と時宗兄弟の席次をめぐって対立した理由にちがいない。『吾妻鏡』に将軍供奉と儀礼に関する記事が多く、しかも序列を詳細に書き残しているのはそれが最大事だったからだ。一方、この争いで謹慎した行方・景頼の二人は、宗尊追放の翌（文永四）年に死去する。

村井章介氏は、一二六五（文永二）年六月二十一日の評定衆・引付衆の人事を分析し、北条一門が四名から八名に倍増し、しかも反得宗の名越氏がそのうち三名を占めたことで、得宗派は義政・業時・宣時を加えて対抗した、とされた。(97)村井氏は、翌年の引付衆廃止は、得宗家と名越氏の対立が原因だとする。では、だれが名越氏を増員したのか。得宗家ではない。名越氏は将軍派である。その後の展開から義政も将軍派だった。業時も後にみるように将軍派だった。北条一門八名のうち将軍派が多数を占める。評定衆はそもそも将軍近臣が就いてきたし引付衆も将軍派から任命されてきた(「関東評定衆伝」)。一二六五(文永二年)年の人事で異例なのは、得宗御内人と強く結んだ京極氏信と大仏宣時が引付衆に補任されたことだ。翌年、宗尊は引付衆を廃止し、側近の評定衆だけで三番編成にして「重事直聴断」の専制に走る。(98)その直後、宗尊は病となり、回復するや直ちに更迭された。これが得宗派の反動なのは明らかだ。二代将軍頼家を彷彿させる。将軍専制は頓挫する。

一二六九(文永六)年の引付衆就任を顕時が喜べなかったのは、なぜか。この時点でも引付衆には将軍家推挙があった。顕時はその推挙で引付衆になり、三年前に引付衆を解かれた宣時が復職し、将軍派と得宗派の新たな闘争が始まった。これが「薄氷を踏む十年」ではないか。

細川重男氏は「宗尊の京都送還以降、鎌倉将軍は君臨すれども統治せざる完全に装飾的存在となった」[99]とされ、村井章介氏も「宮将軍は、得宗によって、至高の権威とはうらはらに、なんらの実質的な権力をともなわない存在としてまつりあげられた」[100]とされたが、再考が必要と思う。弘安年間、泰盛も頼綱も子息を将軍に就けようとしている、との話が執権貞時の耳に入り誅殺されたと『保暦間記』は記す。お飾り将軍を誰が恐れるだろう。この物語は、将軍が執権以上の存在でなければ成立しない。同様に、顕時の「薄氷を踏む十年」物語が訴状で創作されたのも、百年後の人々が将軍派と頼綱らの暗闘と理解していた証だろう。

一二八五（弘安八）年に入り、泰盛が進めた改革を頼綱は次々と破棄する。四月八日の「追加法」で、鎌倉の供僧の争論は得宗家「寄合」の裁可となる[101]。僧の争論が日蓮門下を含むことは当然だ。同月、日昭・日朗が提出した「申状」は、それへの弁明だろう。将軍派と頼綱の政治闘争の内に、日蓮と門下がいたのは間違いないと思う。

この「追加法」は霜月騒動に先行し、日蓮門下に圧迫が加えられた。一二七一（文永八）年九月の日蓮逮捕と佐渡配流も、翌年の二月騒動に先行する。これは偶然だろうか。意図されたものなら、理由は何か、考えたい。

日蓮の逮捕・配流からみる。日蓮は「立正安国論」で内乱を予言しており、日蓮を鎌倉において、たまま将軍派の討殺が実行されれば、日蓮と門下が「予言が的中した」と喧伝することは明らかだ。三年前に蒙古の国書が届いた際、日蓮が幕府要人に書状を送り、門下は「予言の的中」と宣伝して日蓮教団は急増する。国内で一割を超えたと日蓮はいう。(102)これに幕府は無視を貫き、日蓮にも処分はない。それは日蓮が評定で高僧との対決を求めているからである。処分を決める評定が世上の注目を集め、日蓮の喧伝の舞台になることを恐れたのだ。二月騒動ではそうした騒ぎと動揺の芽をあらかじめ摘んでおきたい、と考えても不思議はない。

日蓮の配流の評定で日蓮への尋問はない。侍所に前々日に呼び出されて平頼綱と奉行人の問いに答え、所信を述べただけである。評定では頼綱が日蓮の主張を陳情したのだろう。評定の決定から日蓮逮捕までも一瞬の動きで、日蓮側に準備の余裕を与えない。逮捕当日に日蓮は頼綱に書状を送り、「立正安国論」を進呈して一昨日の面会の礼を述べる。(103)日蓮にとって逮捕は不意打ちだった。一方、頼綱側は要塞化した日蓮の居宅を武装した多人数で急襲し、逃亡を防ぐ。周到な計画がみえる。

一連の経過は、頼綱が日蓮の迅速で広範な情報網と宣伝力、幕政への影響力を警戒したことを物語る。日蓮が持つ力は、日蓮と門下の人脈によっており、血縁が核だった。したがって日蓮没後、ただちに人的結合が解消されたとは思えない。霜月騒動を前に、日蓮門下の動きを圧迫し、封じておきたいと頼綱が考える必然性はあったといえる。

時宗と日蓮

日蓮の活動期は時宗の成長と執権期に重なる。将軍は宗尊と惟康。この時代に時宗と日蓮は何を目指していたのか。最後に、この点を考える。

細川重男氏は、時宗が描く理想は将軍・源頼朝と執権・北条（江間）義時の治世だとされた。[104]細川氏は、得宗専制政治の論理を次のように提示する。

「源頼朝の後継者である鎌倉将軍の『御後見』として、北条義時の後継者である得宗は、八幡神の命により鎌倉幕府と天下を統治する」

この理想のために、将軍だった惟康は七歳で皇族から離れて源氏賜姓を受け、「源朝臣惟康」となり、親王将軍ではなく源氏将軍になる。これで「源頼朝の後継者である鎌倉将軍」誕生の準備を整え、頼朝をなぞり官位も正二位、右近衛大将へと昇る。源氏将軍惟康を後見するのが、義時の後継得宗の時宗だ。将軍源惟康・得宗北条時宗の体制を準備したのは、時宗自身だと細川氏は指摘された。清和源氏の氏神の八幡神を、鎌倉幕府・関東の守護神として鶴岡八幡宮に勧請した。時宗の理想には、八幡神の守護により、将軍・得宗体制は国を安穏に統治するという論理を含む。

この指摘を踏まえて、次の日蓮の書簡を見たい。一二八〇（弘安三）年、四条頼基に送ったものである。

「八幡大菩薩の御誓ひは、月氏にては法華経を説て正直捨方便となのらせ給ひ、日本国にしては正直の頂にやどらんと誓ひ給ふ。（中略）かならず国主ならずとも正直の人のかうべにはやどり給ふなるべし。然れば百王の頂にやどらんと誓ひ給ひしかども、人王八十一代安徳天皇・二代隠岐法皇・三代阿波・四代佐渡・五代東一條等の五人の国王の頂にはすみ給はず。諂曲の人の頂なる故也。頼朝と義時とは臣下なれども其頂にはやどり給ふ。正直なる故か[105]」

八幡神の誓いは、月氏では法華経を説いて正直に方便を捨てよと宣言し、日本では正直の人を守護すると誓った。だから、たとえ国主でなくても正直の人は守護される。源平・承久の乱で敗れた上皇・天皇には八幡神の守護がなかった。心が曲がった人だからだ。頼

朝と義時は、臣下の身分だが八幡神の守護があった。正直だったからである、と日蓮は言う。さらに、

「此を以て思ふに、法華経の人々は正直の法につき給ふ故に、釈迦仏猶ほ是をまほり給ふ。況んや垂迹の八幡大菩薩争でか是をまほり給はざるべき。（中略）我一門は深く此心を信ぜさせ給ふべし。八幡大菩薩は此にわたらせ給ふ也」

このことから考えて、法華経の信者は正直の法についたから釈迦仏が守護する。どうして垂迹の八幡神が守護しないことがあろうか。日蓮一門は、深く八幡神の誓いを信じなさい。八幡神は我々を守護します、と記す。頼朝・義時・日蓮一門は正直であり、だから八幡神が守護するという。先にみた細川氏による時宗の理想と、日蓮の説く世界が重なっているのは明らかだ。日蓮は、頼朝・義時の列に加わり、安達泰盛らとともに時宗の理想を共有していた。頼朝・義時を範とするのは当時の御家人、特に将軍家に仕える人々には当然だったはずである。その共通認識がなくて、日蓮が先の書簡を注釈なく将軍家に仕える四条頼基に与えるとは思えない。

時宗没後に、泰盛が進めた幕政の改革（弘安徳政）も、貞時を時宗の後継として理想を追及した結果にちがいない。一二八四（弘安七）年五月二十日に発布された「新御式目」

は、将軍の直轄地の確保をはじめ、惟康が将軍として持つ権限の尊重をあえて規定する。これを村井章介氏は「泰盛が将軍権力の実質化を徳政の根本に据えた」とされ[106]、本郷和人氏は「泰盛は武士の主人として源氏将軍の復活を意図していた」とされた[107]。

一方、泰盛と対峙した平頼綱は、霜月騒動で将軍派を一掃した後、細川氏の指摘の通り、一二八七(弘安十)年九月二十六日、惟康の大将を辞任させて再び皇室に戻し、改めて親王宣下を受け、源氏将軍から親王将軍にした。この後、いかに頼綱が得宗家に権力を集中したかは、得宗家の私的機関の寄合が評定に代わったことを指摘すれば十分だろう。

一二四六(寛元四)年の宮騒動も、頼朝・義時の真の後継は将軍頼経・執権江間光時であると、経時の死を契機に将軍執権の復古を目指したのではないか。処分されたのは将軍派だ。日蓮は、「宝治の合戦すでに二十六年、今年二月十一日十七日又合戦あり」と述べ、二月騒動と一二四七(宝治元)年六月五日の宝治合戦を併記する[108]。つまり宝治合戦から二月騒動、そして霜月騒動まで対立軸は一貫していた。日蓮と門下の視点に立つと、そう見える。

宝治合戦直後の十月十四日、三浦氏を滅ぼした時頼は御所移転を計画する。義時・泰時も自分の邸内に御所を取り込もうとした。時頼も当時八歳の将軍頼嗣を抱えようとした[109]。

しかし、この計画は頓挫する。これを将軍派の抵抗の結果と考えたい。また、一二五一（建長三）年十二月、頼経・頼嗣の近臣だった足利泰氏が突然出家し、所領を没収され本領に逼塞する。直後、九条家とも近かった千葉氏の了行法師や千葉頼胤近親の矢作常氏らが謀反の企てを理由に処刑される。翌年、これに頼経が関係したとして頼嗣の廃立が決まる。泰氏の出家も将軍派としての動きにちがいない。臼井信義氏は、泰氏の孫・家時は将軍惟康が久明に代わった一二八九（正応二）年ごろに自殺したと推定され、網野善彦氏は、泰氏から家時へと続く足利家が「独自な伝統をひそかに保持していた」とされた。[110]「独自の伝統」とは、将軍家への忠義ではないか。「ひそかに保持していた」ように見えるのは、当時、将軍家忠臣の存在は当たり前で記録に残す必要がなかったか、それを記すことが危険だったからだと思う。

一方、二月騒動以降、頼綱を筆頭とする御内人が目指したのは、得宗家への権力の集中と得宗の無力化である。自己権益の増進にそれが必要だった。「新御式目」は得宗被官に、毎日の出仕・礼儀礼法・訴訟介入の禁止・廉直を要求した。[111]得宗被官に得宗への奉仕と礼節を求めたのは、得宗被官が得宗をないがしろにし、横暴に振る舞い、幕政に介入した証左である。後深草院二条による『とはずがたり』には、一二八九（正応二）年三月から翌年九月までの鎌倉の体験記が載る。そこに頼綱一家の異様さが語られる。子息たちは得宗の威を傘に関白のように振舞い、将軍といえども敗者には徹して冷酷であり、ことさら官位を誇り、御所よりも絢爛豪華な館に住み、乳母として得宗を顎で使う着飾った妻、下品な主人である。二条は驚きのなかで活写する。(112)

一二七一(文永八)年の時点で、日蓮は頼綱を「天下の棟梁」とする。(113)すでに幕政を左右する力を持っていた。ここから彼らを得宗御内派と呼んでいいだろう。時宗をはじめ、泰盛・日蓮などは将軍執権派と呼ぶのがふさわしいと思う。

この視点は、一二八三(弘安六)年の業時の連署就任、時宗・泰盛の徳政改革の準備、一二八四(弘安七)年四月の時宗の若すぎる突然死、五月から開始された改革、六月の佐介時国の南方探題解任と殺害、それによる大仏宣時の上昇、十月以降に打ち出された改革の後退と撤廃、そして翌年の霜月騒動が、一連の抗争の内にあったことを語り始める。

業時は、一二八三(弘安六)年四月十六日に連署に就任すると、七月に従五位上、二か月後の九月に正五位下に昇進する。時宗は一二六五(文永二)年の従五位上任官から、正五位下(一二八一年)まで一六年かかった。業時の異例の昇進は将軍惟康の意志によるものだろう。業時の就任から一年後に時宗は没し、得宗は無力化された。一四歳の執権貞時の乳夫は頼綱だ。頼綱の望み通りにちがいない。ところが霜月騒動の後、惟康が泰盛の準備に沿って一二八七（弘安十）年六月六日に右近衛大将に任官すると、追うように六月十八日に業時は出家し、八日後の二十六日に没する。頼綱にとって不都合な動きは、宣時が連署になって解消する。そして九月二十六日、惟康の大将辞任と親王宣下に続く。時宗の理想は破断する。この流れが頼綱と無関係には思えない。

頼綱は貞時邸の郭内に館を構え、「角殿」と呼ばれて貞時を囲う。[114]御内御領（得宗領）の支配は公文所を頂点に整備され、一二八三（弘安六）年には「御内法」も作られて公文所執事を「内管領」と称し、御内人を統制する「御内侍所」も設けられた。[115]莫大になった御内御領の統治に必要だったからだろう。幕府内に、新たな御内幕府を作るに等しい。幕府法と御内法は混同され、御内人は地頭代職として全国の御内御領を得宗から給与・安堵された。「将軍―御家人」に代わる「得宗―御内人」体制の出現といえる。惣領制がいきづまり、零細御家人の保護を目指す泰盛の弘安改革だったが、それを阻む頼綱が、逆に零細御家人を御内人に取り込み、泰盛討伐の実働部隊とする。[116]

細川重男氏は、「時国事件は安達泰盛・佐介家の勢力と平頼綱・大仏家の勢力との霜月騒動に至る最初の衝突」とされた。[117]本郷和人氏は、平岡定海氏所蔵『東大寺別当次第』一条に記された「(十月)二日、六波羅南方(時国)誅されおわんぬ、物狂の間、祖母の結構としてこれを打つ、打手は平左衛門尉(頼綱)」が、細川説を裏付けたとされた[118]。ここでいう「祖母」は、葛西殿ではないか。葛西殿の承認ないし指示と頼綱の実行が、日蓮の場合と共通である。葛西殿は貞時の祖母である。

一二八四(弘安七)年十月二十二日の「追加法」には、御所の倹約・簡素化の規定がある。なかに正月三が日の女房の服装に対する次の指示がある。「女房らの衣裳は粗品を使用すること。小袖の浮線料・綾立紋・格子など懸織綾は禁止、筋・染綾・錬貫を使用すること。将軍の側に侍る上童や美女は重ね袙(中間着)をやめて薄袙を着用すること[119]」。これは誰に対して発せられたのか。服装の華美・贅沢をいさめているが、その風潮を先導した者がいたはずで、ファッションリーダーは誰だったのか。寝殿以外で畳に高麗縁を禁止、との一項もある。葛西殿だろう。時頼由来の得宗領を相続し、莫大な財力と大陸貿易で最新の文化を吸収して得宗家の背後にいた女性である。この規定は政所に張り出し、広く周知した。葛西殿はどう受け止めたか。泰盛の想像を超える反発があって不思議はない。霜月騒動は一年後である。

日蓮は、頼朝が開き、義時が固めた将軍執権政治を誇りに思い、承久の乱で敗退した京政権を鎌倉幕府の下におく。[120]その鎌倉政権が、将軍家が嫌った宗派や僧を重用し、[121]日蓮が是とする法華経の王道から外れるのを更生しようとした。そうしなければ八幡神の加護はないという。武家政権の鎌倉には、鎌倉にふさわしい仏法の王道があると訴えて自身の起用を求め続け、将軍執権の守護者たらんとした。これについては本書「Ⅲ　日蓮と政治」、「Ⅳ　日蓮仏法論」で論じる。しかし、その訴えは敵が多過ぎた。心ある者の与力で命脈はつないだものの将軍執権派と運命をともにする。

残された日蓮の書簡の分析から、将軍家と得宗御内人の相克がみえるのであれば、日蓮研究は新たな鎌倉史を拓く可能性がある。その意味で、日蓮を単に鎌倉新仏教の教祖の一人という宗教的な側面の評価にとどめることなく、得宗御内派と切り結んだ将軍執権派の一門であった点から捉え直す必要があると思う。

おわりに

まず、日蓮と門下が将軍家に近いことを提示して、教団に対する弾圧の動機が将軍家との距離にあると論じた。そして、日蓮の書簡にあらわれる「上《かみ》」が将軍家を指すものであると指摘し、日蓮門下の再評価を試みた。

これを踏まえて、日蓮の目に写った二月騒動から霜月騒動までの幕政の動きを整理し、得宗御内派の伸張と将軍派の対抗を再考した。最後に、細川重男氏による「得宗専制政治の論理」を手掛かりに、執権時宗・安達泰盛らと日蓮の描く理想の共通性を指摘し、日蓮研究が示す鎌倉史の新たな可能性について問題提起した。

注

（1）「新尼御前御返事」『昭和定本　日蓮聖人遺文』（立正大学編、一九五二、以下「定本」）八六八頁、「聖人御難事」定本一六七二頁。

（2）佐々木馨「日蓮の武士観」（『中世仏教と鎌倉幕府』吉川弘文館、一九九七）三二〇、三三八頁。

（3）一九二〇（大正九）年十二月発刊の『本化聖典大辞林』（国書刊行会、一四五頁）に、編纂当時、池上幸操氏に確認した池上氏の由緒が載る。ただし、摂政藤原忠平に三男忠方は確認できない。将門の乱に対抗した藤原為憲は、その後、工藤氏の祖となり、石橋山の戦には子孫が参戦する。何かの混同が疑われる。池上康光の没年は、一二七九（弘安二）年二月に宗長へ宛てた日蓮の書簡に「御親父御逝去の由、風聞真にてや候らん」（定本一六二六頁）とあり、一二六二（弘長二）年六月は間違いである。この不一致は池上氏に伝わる由緒が日蓮の書簡に基づいた創作ではないことを物語る。

（4）『御書略註』（『日蓮宗宗学全書』一八　日蓮宗宗学全書刊行会編、一九五九、以下『御書略註』）一七二頁。日通の『祖書證議論』（一七六九－七六作）を日順が抜粋書き下したもの。

（5）本書「I　日蓮の出自について」注（67）参照。『吾妻鏡』一二五〇（建長二）年三月一

日の条

（6）『吾妻鏡』一二三七（嘉禎三）年三月八日の条。『保暦間記』には「江馬越後守光時。将軍の近習にして御気色吉かりける」とある。

（7）「四條金吾御書」定本一四三七頁。

（8）村井章介「執権政治の変質」（『日本史研究』二六一、一九八四）。川添昭二「北条氏一門名越（江馬）氏について」（『日本歴史』四六四、一九八七）。磯川いづみ「北条氏庶家名越氏と宮騒動」（『鎌倉』八六、一九九八）。細川重男『鎌倉政権得宗専制論』（吉川弘文館、二〇〇〇年）。

（9）網野善彦『蒙古襲来（上）』（小学館ライブラリー、一九九二）一九三頁。佐藤進一『日本の中世国家』（岩波書店、一九八三年）一四〇～一頁。渡辺晴美「得宗専制体制の成立過程（一）」（『政治経済史学』一二五、一九七六）六頁。

（10）南基鶴『蒙古襲来と鎌倉幕府』（臨川書店、一九九六）一六～二二頁。

（11）『吾妻鏡』一二六六（文永三）年七月四日の条。

（12）時輔の来歴は遠山久也「得宗家庶子北条時輔の立場」（『北条時宗の時代』北条氏研究会編、八木書店、二〇〇八）に詳しい。母の讃岐局は御所の女房である。時輔は出自から将軍家と近かった。前年の冬から一二六一（弘長元）年正月にかけて、時頼が時輔の厚遇を改めるよう圧力を掛け、武藤景頼と金沢実時が謹慎した後も時輔の厚遇は続く。将軍家が抵抗した証だろう。六波羅探題南方に就任した翌年の一二六五（文永二）年に従五位下式部丞に叙任される。式部丞は執権・連署クラスの官職だ。半年後に式部丞を解かれ、その九か月後に宗尊は追放される。時輔の処遇は対立の中で振幅したにちがいない。

(13)「四條金吾殿御返事」定本一三六三頁、同趣旨「真言諸宗違目」定本六三八頁。

(14)「日妙聖人御書」定本六四七頁。

(15)「種種御振舞御書」定本九七五頁。

(16)『吾妻鏡』一一八一（養和元）年四月七日の条。

(17)『吾妻鏡』一二一八（建保六）年四月七日の条。更に日蓮の母の一三回忌を報告した刑部女房の夫で、日蓮の弟を想定できる伊東祐頼は宗尊追放に際して最後まで御所に残った将軍近臣であり（『吾妻鏡』一二六六〈文永三〉年七月三日の条）、平禅門の乱の直前に一番引付頭人だった北条時村の邸前で殺害されている（『鎌倉年代記裏書』一二九三〈永仁元〉年三月二十三日の条）。

(18)石井進「武士の置文と系図――小代氏の場合」『鎌倉武士の実像』（平凡社選書、一九八七）

二〇六〜三〇頁。日蓮もまた次のように記す。「鎌倉の御家人等の御知行、所領の地頭、或は一町二町なれども皆故大将家の御恩なり」（「妙密上人御消息」定本一一六六頁）。

（19）「安達泰盛乱聞書」（『鎌倉遺文』一五七三六）。

（20）前掲「安達泰盛乱聞書」にみえる伊東三郎左衛門尉について、「景祐」説（『宮崎県史　通史編　中世』宮崎県編、一九九八、二一九〜二〇頁）と「祐家」説（『伊東の歴史一』伊東市史編集委員会、伊東市教育委員会編、二〇一八、一九一〜二頁）がある。「祐家」は建治年間に石見守護を解任された。頼綱との関係が気になる。千葉胤宗については「千葉大系図」（『改訂房総叢書　第五輯』改訂房総叢書刊行会編、改訂房総叢書刊行会、一九五九）による。

（21）村井章介『北条時宗と蒙古襲来』（ＮＨＫブックス〈九〇二〉、二〇〇一）七六頁。

（22）「種種御振舞御書」定本九五九〜八六頁。

（23）定本九六二頁、「上件如此申」。

（24）鎌倉市中の不法が問われた訴訟は政所管轄として評定に上程される（佐藤進一『鎌倉幕府訴訟制度の研究』岩波書店、一九九三、一二三〜五頁）。下文の奉者である島田左衛門入道・山城民部入道は政所の奉行人であろう。一二六一（弘長元）年三月二十日に奉行人として引付衆一番に島田五郎親茂の名があり（『吾妻鏡』）、日蓮赦免状（巻末「史料4」）に奉行人として署名が残る行兼は、正応・永仁年間（一二八八–一二九八）の引付・越訴・侍所奉行人にみえる島田行兼に比定できよう（同前二三三〜四一頁参照）。将軍頼経・宗尊の近習だった本間元忠・信忠父子も山城を通称とした（一二四六〈寛元四〉年七月十一日、一二五三〈建長五〉年一月九日など『吾妻鏡』）。高木豊氏は、日蓮は私的な「仰書」「請文」を公的訴訟の「下文」「陳状」と記したとされたが（『日蓮とその門弟』〈弘文堂、一九六五〉二四三頁）、再考が必要である。日蓮の遺弟日興は「文永五年申状」と「文永八年申状」の存在を挙げる（「富士一跡門徒存知事」『富士宗学要集　第一巻相伝・信条部』堀日亨編、創価学会、一九七四、五七・五八頁）。「文永五年申状」とは、書出しと書止めに「言上」と記す申状の形式が確認できる「与北条時宗書」（定本四二六頁）を充てていい。これは得宗被官の宿屋光則・執権時宗を介して将軍宛てに諸宗との評定を求めた上申文書である［本書「Ⅳ　日蓮仏法論」注（86）参照］。「文永八年申状」も良観房忍性・然阿良忠・道教房念空が将軍宛てに日蓮を訴えた訴状への反論を記した申状（陳状）と考えていいだろう［注（44）参照］。いずれも将軍家政所が所管の案件である。

(25)「四條金吾殿御返事」定本一三六三頁。

(26)「四條金吾殿御書」定本一四三七頁。

(27) 前掲注(3)『本化聖典大辞林』一四五頁。日蓮も兄弟に対する「上のおぼへ」を称賛する(「兵衛志殿御返事」定本一六〇七頁)。

(28)「四條金吾殿御返事」定本一三〇一〜二頁。頼基について将軍近習はこう讒訴したのだろうと日蓮は推測した。なお、将軍から所領を発給される御家人でありながら、なおかつ有力御家人の家人である例として得宗被官の金窪行親が挙げられる[前掲注(8)『鎌倉政権得宗専制論』一四八頁]。

(29)「四條金吾殿御返事」定本一三六三〜四頁。

(30) 頼基は「上には最大事とおぼしめされて候」と将軍から大切にされていたことがわかる(「四条金吾殿御返事」定本一三〇一頁)。また「かまくらどのの仰せとて、内内佐渡の国へつかはすべき由承り候」(「四条金吾殿御消息」定本五〇五頁)とあり、頼基は将軍から佐渡に派遣されている。一二七七(建治三)年に頼基と三位房が竜象房と問答した後、頼基は「御前に参りて法門問答の様かたり申し候き」(「頼基陳状」定本一三五二頁)とその内容を将軍に報告した。さらに一二八〇(弘安三)年十二月には頼基が将軍に進講することが決まったようで、これを椎地四郎(御所在勤者だろう)からの報告で知った日蓮は、将軍家守護神である八幡神と、釈迦の因縁談を進講の「御引出物」として頼基に書き送っている(「四条金吾許御文」定本一八二一頁)。頼基が主君の江間親時に法門を説き、これ以後は口を慎むようにと日蓮が厳重に注意したのは一二七四(文永十一)年九月のことだ(「主君耳入此法門免与同罪事」定本八三四頁)。したがって、この進講は主君へのものではなかろう。頼基は陳状で「四条中務尉頼基」を公式の名乗りとするが、律令制で医事・薬事を担当した内薬司は中務省の所属である。頼基の弟なのか、一二九六(永仁四)年の引付奉行人に「四条五郎左衛門」「四条左衛門入道」の名がある[前掲注(24)『鎌倉幕府訴訟制度の研究』二四六頁]。

(31)『玉澤手鏡草稿』(『日蓮宗宗学全書』一九 史伝旧記部二 立正大学編、山喜房仏書林、一九六〇)三三二頁。兼経は「執婿」として九条道家の娘・仁子を娶る。将軍頼経は仁子の兄で日昭の伯父になる。日昭の父方の印東氏も頼朝・頼経の近臣で、印東太郎その子次郎・三郎は宝治合戦で討死する[『吾妻鏡』一二四七(宝治元)年六月二十二日の条]。

(32)前掲注(20)『宮崎県史 通史編 中世』二〇六頁。

(33)「兵衛志殿女房御返事」定本一二九三頁。

(34)『御書略註』一七二、二七〇頁(同書は池上大夫志を宗長で兄、兵衛志を宗仲で弟とする)

(35)本郷和人『承久の乱』(文春新書、二〇一九)一三六~四一頁。

(36)前掲注(3)『本化聖典大辞林』一四六頁。

(37)「五輪九字明秘密義釈奥書」定本二八七五頁。「建長三年十一月二十四日戌時了。五帖之坊門富小路。坊門よりは南。富小路よりは西」と記す。日蓮の叡山一二年の時期は定かでない。一二四九（建長元）年五月の金剛峯寺の千僧供養では本聖人の一人として日蓮房の名がある（「金剛峯寺千僧供養請定」『鎌倉遺文』〇七〇七五）。日蓮は他僧から「日蓮阿闍梨御房」と称されていた（「十住毘婆沙論尋出御書」定本八八頁、「行敏御返事」定本四九七頁）。当然、叡山で阿闍梨灌頂（伝法灌頂）を受けたと考えられ、弟子らも日蓮は「比叡山に於て出家授戒し畢ぬ」とする［前掲注（24）「富士一跡門徒存知事」五二頁］。

(38)『吾妻鏡』一二四七（宝治元）年十二月二十九日の条。三か月の京都大番役勤務を命じられる。一二三一（寛喜三）年四月の賀茂祭に検非違使として参列。一二三三（天福元）年八月に摂政九条教実の供奉人・藤原俊親に配下の徒労を提供。一二一七（建保五）年十一月、園城寺焼失の復興で、大工への禄物を担当［前掲注（20）『伊東の歴史二』一七三～八〇頁］。

(39)『曽我物語の史実と虚構』（歴史文化ライブラリー一〇七　吉川弘文館、二〇〇〇）一四八～九頁。

(40)金沢実時が将軍側近で、得宗との間に立ったことは池田瞳「北条時宗・金沢実時期の小侍所」（『中世政治史の研究』阿部猛編、日本史史料研究会企画部、二〇一〇）に詳しい。安達泰盛は二月騒動の死者を「夭死」として高野山に菩提を弔った（愛甲昇寛『高野山町石の研究』高野山大学密教文化研究所、一九七三、七二〜三頁）。

（41）「種種御振舞御書」定本九七八頁。巻末「史料4」参照。赦免状の発給は光綱（「得宗家奉行人連署奉書」『鎌倉遺文』一一五四二）。当時、光綱は侍所所司［前掲注（8）『鎌倉政権得宗専制論』一三二頁。森幸夫「平・長崎氏の系譜」『吾妻鏡人名総覧』吉川弘文館、一九九八、五八九頁］。頼綱と光綱を森氏は兄弟とし、細川氏は従兄弟として議論がある。

（42）「法華行者値難事」定本七九八頁、「関東御教書」（『鎌倉遺文』一一四九二）

（43）「種種御振舞御書」定本九七八頁、「窪尼御前御返事」定本一五〇三頁。「極楽寺の良観房等は武蔵の前司殿（宣時）の私の御教書を申して、弟子に持たせて日蓮をあだみなんとせし」（「千日尼御前御返事」定本一五四五頁）。巻末「史料3」参照。

（44）『御書略註』二二二〜四頁。日蓮は「鎌倉殿の御勘気を二度までかほり」（「王舎城事」定本九一七頁）と述べる。伊豆・佐渡の配流が評定を経た決定だったことになる。そこで日蓮の佐渡配流と赦免が、どのような手続きを経て決定・実行されたのか、日蓮の書簡から考える。

一二七一（文永八）年、良観房忍性・然阿良忠・道教房念空が日蓮を訴える（「行敏訴状御会通」定本四九七頁）。なお遺弟の日興が重書とする「文永八年申状」［前掲注（24）「富士一跡門徒存知事」五八頁〕は「行敏訴状御会通」と称される文書を指すと思われる。本来この書は「日蓮陳状（申状）」とすべきもので、この点は『本化聖典大辞林』〔前掲注（3）一〇八九頁〕が指摘しており首肯できる。日興は、この書を「立正安国論」と並ぶ右筆書の漢文による重書として扱う。訴えの時期は「十章抄」（定本四九二頁）が書かれた五月以前のことと思われる。訴えの内容は「早く日蓮を召し決せられて邪見を摧破し正義を興隆せんと欲する」とのことで、具体的には、①「念仏は無間の業」、「禅宗は天魔波旬の説」、「大小の戒律は世間誑惑の法」などと日蓮が邪見を弘めていること、②「年来の本尊・弥陀観音等の像を火に入れ水に流す」、「凶徒を室中に集む」、「兵杖等（を室中に集む）」である。「仏像の処分」の扱いは難しいが概ね①は宗教上の問題、②は検断沙汰（刑事問題）と大別できる。当時、侍所は犯人の捜索・検挙・断罪を管轄する検断機関ではあっても、犯行と刑罰を審理する刑事訴訟機関ではなかった〔前掲注（24）『鎌倉幕府訴訟制度の研究』八四頁〕。この訴えについて日蓮は「文永八年申状」で反論するが、訴訟の審理は遅滞したようで、引付衆の北条業時から侍所所司の平頼綱のもとに管轄が移されている（「十章抄」同前）。①の宗教上の問題は扱いにくく、②の刑事事案については侍所の所管として評定に上げるのが妥当と判断した結果であろう。この訴状で忍性らは日蓮の頸をはねるよう死罪を求めた（「頼基陳状」定本一三五二頁）。同年七月には浄土僧行敏から難状（質問状）が届くが、日蓮は私的な問答ではなく、幕府に上申して評定で審理されるべきだと返信している（「行敏御返事」定本四九七頁）。同年九月十日、日蓮は平頼綱（侍所）から呼出しがあり訴状について尋問された（「種種御振舞御書」定本九六二頁）。同十二日、評定で審理があり、日蓮と門下に関して刑罰が決まる（同前九六〇頁）。「かうのとの（守殿）は人のいゐしに・つけて・くはしくも・たづねずして此の御房をながしける」（「窪尼御前御返事」定本一五〇二頁）。日蓮の佐渡配流と日朗らの入牢などが決定した。当時の評定衆を挙げておく。〈執権〉政村（連署）・時宗、〈評定衆〉名越時章・金沢実時・北条時広・名越教時・塩田義政・北条時村・安達泰盛・大江時秀・二階堂行綱・佐々木《京極》氏信・二階堂行忠・二階堂行有・三善倫長・安達時盛・太田康有（以上「関東評定衆伝」）。同日、侍所が日蓮を捕縛し、身柄を武蔵守大仏宣時が預かる。夜半に龍ノ口での斬首が企てられたが失敗し、将軍家から「殺害厳禁」の追状（副状）が届く。十月二十八日に佐渡着。一二七三（文永十）年十二月七日、宣時が「佐渡で日蓮の門下となった者は追放するか牢に入れろ」と私の下知を下す。翌年一月、これを日蓮が幕府に訴え出て評定が行われる（以上「種種御振舞御書」定本九七八頁、「法華行者値難事」定本七九八頁）。評定では、「御一門諸大名はゆるすべからざるよし申されけれども、相模の守殿の御計ひばかりにて、ついにゆり候」（「中興入道御消息」定本一七一六頁）とあり、最後は時宗が決断している。同年二月十四日、赦免状は所管である侍所（所司光綱）が発給した。時の評定衆は次の通り。〈執権〉時宗・義政（連署）、〈評定衆〉金沢実時・北条時広・北条時村・北条宗政・名越公時・大仏宣時・大江時秀・二階堂行綱・佐々木《京極》氏信・二階堂行忠・二階堂行有・宇都宮景綱・安達時盛・太田康有（以上「関東評定衆伝」）。

（45）前掲注（43）参照。

（46）「頼基陳状」定本一三五八頁。頼基は将軍御所の警護に就いたのだろう。日蓮は「御前に自害すべき八人の内に候き」と記す。本文で指摘したように、この合戦が頼綱らによる将軍派への抵抗だったとすると、その主力は得宗被官兵に違いない。この合戦が特に大事にならず鎮まったのは、この時までに頼綱が侍所所司を解かれ光綱に交代し、動員できる兵力に限りがあったからではないか。評定では時宗が日蓮赦免を決め、光綱が赦免状を発給した「前掲注（41）」。光綱への交代は前年の十一月十四日以前である（『鎌倉遺文』一一四六四）。赦免後に面会した頼綱の態度の豹変ぶりに日蓮は驚いている。将軍家の使いのようだったという（「種種御振舞御書」定本九七九頁）。この時、頼綱は「左衛門尉」であり、出家していない。光綱の就任は細川重男氏が指摘する「侍所所司は出家による子息への譲与が基本」に反し、しかも「惣領が兼務するという盛時までの長崎氏の慣例に異変が起こった」事態だった。光綱は一二九三（永仁元）年四月の頼綱没後、得宗家執事となる［前掲注（8）『鎌倉政権得宗専制論』一一〇、一六六、一七一頁］。将軍派との連携を疑っていいと思う。

（47）「賜蘆文庫文書所収金沢文庫文書」一二八五（弘安八）年十二月二十一日金沢顕時書状（『日本史史料』2　歴史学研究会編、一九九八・三）。

（48）細川重男『北条氏と鎌倉幕府』（講談社選書メチエ、二〇一一）二〇三頁。

（49）「種種御振舞御書」定本九七三～五頁。

（50）「四條金吾殿御返事」定本一三六三頁、「真言諸宗違目」定本六三八頁。

（51）「真言諸宗違目」定本六三八頁。

（52）「種種御振舞御書」定本九七八頁、「千日尼御前御返事」定本一五四五頁。

（53）「大学三郎御書」定本一六一九頁。

（54）「頼基陳状」定本一三五八頁。

（55）「種種御振舞御書」定本九七八頁。

（56）「種種御振舞御書」定本九七九頁、「報恩抄」定本一二三九頁。

（57）「兄弟抄」定本九二九頁。執筆年について、文永十二年説と建治二年説があり、決着していない［前掲注（24）『日蓮とその門弟』二二二～九頁］。ただし、両説とも七月の宗仲の改心を考慮しない。四月に勘当され七月に改心したと解釈したい。改心は動揺を指すと考える。勘当から改心まで一年以上あるのは不自然だ。その後、宗仲が信仰を捨てた事実はない。改心の時点で日蓮の弟子が教導に出向いたと推測できる［注（58）参照］。

（58）「弁殿御消息」定本一一九〇頁。「えもん（衛門）のたいう（大夫）どののかへせに（改心）の事は、大進の阿闍梨のふみに候らん」とある。同書には頼基を弟子に訪ねさせたが、話の内容が心配なので日昭に訪問するよう依頼しており、さらに伊東祐光・能登房・少房が退転し、河野辺氏などの心変わりも心配だから、話をして欲しいとも述べる。この書が記された頃、門下が不穏な動きの渦中にあると分かる。

（59）「四條金吾殿御返事」定本一二五九頁。同時期に「今度法華経の為に身を捨て、命をも奪はれたらば、無量無数劫の間の思ひ出なるべし、と思ひ切り給ふべし」（定本一一四三頁）と討たれる覚悟を求めた大井荘司入道は、大井荘を所領とした二階堂氏の家人であろう。二階堂氏は頼朝以来の将軍家奉行人である。二階堂行景は一二七五（建治元）年に引付衆に任じられ霜月騒動で誅殺される。同じく霜月騒動で討たれた日蓮の甥の伊東景祐（祐光の子）と行景はともに後藤基綱の娘を母とする従兄弟である。

（60）「上野殿御返事」定本一三〇九頁。

(61)「頼基陳状」定本一三四六頁。

(62)「彌三郎殿御返事」定本一三六九～七〇頁。

(63)「兵衛志殿御返事」定本一四〇二頁。

(64)「四條金吾殿御書」定本一四三七頁。

(65)前掲「四條金吾殿御書」参照。

(66)「御所領上より給はらせ給ひて候なる事、まこととも覚へず候」(「四條金吾殿御返事」定本一五九二頁)。

(67)「四條金吾殿御返事」定本一六〇二頁。

(68)「伯耆殿御返事」定本一六七六頁、「滝泉寺申状」定本一六七七～八三頁、「變毒爲薬御書」定本一六八三～四頁。

(69)「四條金吾殿御返事」定本一六八四頁。

(70)「白蓮弟子分与申御筆御本尊目録事」(『鎌倉遺文』一九九二三)、『日蓮宗宗学全書』第一巻・上聖部(日蓮宗宗学全書刊行会、一九二六)七～九頁、二二～三頁。「日昭申状」には「副将安全の為、法華の道場を構へ長日の勤行を致し奉る」とあり、「日朗申状」には「国家を祈り奉る」とある。「副将」は得宗貞時を指す[前掲注(8)『鎌倉政権得宗専制論』二五五頁」。長日勤行・祈国は、幕府の要請に応えた祈祷だった。日興は、他宗高僧らと同列に祈祷したと批判し、佐渡赦免の時から日蓮の本意は明らかで、それに反すると述べる（「五人所破抄」『富士宗学要集　第二巻宗義部』堀日亨編、創価学会、一九七五、二頁）。日蓮の本意について、日興の弟子・日道は日興の言葉を次のように記す。「大聖人は法光寺禅門（時宗）、西御門の東郷入道屋形の跡に坊作って帰依せんと給ふ、諸宗の首を切り諸堂を焼き払へ、念仏者等と相祈りせんとて山中え入り給ふぞかし、長日勤行何事ぞや」。時宗から住坊の寄進と他宗高僧と同列の祈祷の申し出があったが、日蓮はそれを断って身延に向かった（「三師御伝土代」『富士宗学要集　第五巻宗史部』同前、八頁）。

（71）前掲注（9）『蒙古襲来（上）』二五二頁。

（72）「兵衛志殿御返事」定本一四〇三頁。日蓮は庶子（弟）の宗長に、惣領（兄）宗仲との団結を説く。宗仲の勘当が惣領庶子の離間工作であると日蓮は読んでいた。惣庶の離間工作は得宗御内人（頼綱）の常套手段だったと思われる［前掲注（8）『鎌倉政権得宗専制論』七五頁参照］。同書で日蓮は平清盛の子の重盛・宗盛兄弟を例に挙げ、重盛を親の孝人と称えた。重盛が宗長の曾祖父・工藤祐経の烏帽子親だったことを強く意識しての記述だろう。

（73）村井章介氏は、時宗・義政が発給した文書を分析し、一二七五（建治元）年九月二十七日付までは二人の花押があり、その後、時宗の単独署判になると指摘された［前掲注（21）『北条時宗と蒙古襲来』七三頁］。細川重男氏は、頼綱の得宗家執事就任を一二七二（文永九）年十一月三日以前とし、父・盛時の家督を一二七五（建治元）年六月以前に継承し、一二七七（建治三）年に寄合衆に加わるとされた［前掲注（8）『鎌倉政権得宗専制論』一六二頁］。義政の政務不能と頼綱の権能上昇は密接に関係するだろう。時盛・義政の遁世以前に、一二七五（建治元）年から両者の衝突が始まっていた可能性がある。

（74）『蒙古襲来絵詞』一二七五（建治元）年十月の項［前掲注（21）『北条時宗と蒙古襲来』七九頁］。村井氏は、『蒙古襲来絵詞』の鎌倉の場面に時宗以下の北条氏が一切登場せず「御恩付与に北条氏が関与できなかったことをうかがわせる」とされた。泰盛の御恩奉行就任と一二七七（建治三）年六月の「追加法」四七八（『中世法制史料集　第一巻』佐藤進一・池内義資編、岩波書店、一九六九〈以下「追加法」は同書による〉）を考慮すると建治年間は将軍専権が伸張し、これに対抗する頼綱も前掲注（73）のように力を付けて将軍派を個別に圧迫・排除に動いていたと考えられる。「追加法」四七八は、諸人の官途を御恩の沙汰に準じて今後は評定での審議を経ずに直に要望を聞いて内々に計らうと定めている。問題は「直被聞食」の主語についてだ。得宗（時宗）説［五味文彦『吾妻鏡の方法』（吉川弘文館、一九九〇）二一六～八頁、細川重男『鎌倉政権得宗専制論』前掲注（8）二五二〜三頁」と将軍（惟康）説［佐藤進一『日本の中世国家』前掲注（9）一二七〜三三頁」がある。後述するが当時の評定衆には得宗被官と強く結んだ者たちがいた。この追加法制定の前日には時宗が内々に願い出ていた恩賞地の拝領を受け、時宗は礼を述べる（『建治三年記』）。奉行は泰盛である。追加法の狙いが得宗個人の排除ではないことを公に示す絶妙のタイミングだ。こうした点からも「直被聞食」の主語を将軍惟康とした佐藤説を支持したい。

（75）「聖人御難事」定本一六七四頁。

（76）本郷和人『新・中世王権論』（新人物往来社、二〇〇四）一九八頁。

（77）石井進『鎌倉びとの声を聞く』（NHK出版、二〇〇〇）一五〇頁。前掲注（9）『蒙古襲来（上）』一九三〜五頁。

（78）前掲注（76）『新・中世王権論』一九七頁。

（79）「窪尼御前御返事」定本一五〇二頁。

（80）「種種御振舞御書」定本九六二頁。

（81）「報恩抄」定本一二三八頁。

（82）「下山御消息」定本一三三二頁。

(83)「高橋入道殿御返事」定本一〇八九頁。「千葉大系図」〔前掲注(20)〕によれば千葉成胤女に「最明寺入道後室」の千田尼がいる。日蓮の叔母にあたる。葛西殿の日蓮に対する敵愾心の一因だった可能性もある。

(84)「種種御振舞御書」定本九七九頁。

(85)「下山御消息」定本一三一二頁(弟子の日永が下山氏に送る書面を日蓮が代筆)。日興「日蓮遷化記」(『鎌倉遺文』一四七二二)。

(86)「富木殿御書」定本八〇九頁。「用いられざる上、度々あだをなさるれば、力をよばず山林にまじはり候ぬ」(「上野殿御返事」定本八三六頁)。「御勘気ゆりたれども、鎌倉中にも且らくも身をやどし、迹をとどむべき処なければ、かかる山中の石のはざま、松の下に身を隠し心を静む」(「法蓮抄」定本九五三頁)。「かまくらより此ところへにげ入り候ひし」(「高橋入道殿御返事」定本一〇八七頁)。

(87)葛西殿が居住した葛西谷は、勝長寿院を抱える大御堂ヶ谷に隣接する。勝長寿院は頼朝が後白河院に依頼して父・義朝の首を探し出し、埋葬した源氏将軍の菩提寺である。泰時は葛西谷に東勝寺を創建する。将軍家と得宗家の関係を強く意識した絶妙な立地である。東勝寺は、御所と評定所を郭内に持つ泰時邸の背後にあり、得宗家代々の墓をとどめる堅牢な城郭だった。

一三一五（正和四）年には高時が火事を逃れるために避難する。頼朝の法華堂と同じ機能を持つ、得宗家の特別な寺であり居城である（秋山哲雄「都市鎌倉における北条氏の邸宅と寺院」『史学雑誌』一〇六、一九九七・九、六〇頁）。野村育世氏は当時「後家は、家を引き継ぎ、夫の財産を継承し、子どもたちを指揮して、公事を勤仕する存在として公的に認められていた」とされる（『「鎌倉遺文」にみる中世のことば辞典』ことばの中世史研究会編、東京堂出版、二〇〇七、六〇頁「後家」項）。

(88) 網野善彦『蒙古襲来（下）』（小学館ライブラリー、一九九二）一〇六〜一七頁。

(89) 「豊後詫摩文書」（『鎌倉遺文』二六七二七）。

(90) 「追加法」四九八。

(91) 『武家年代記裏書』に一三一七（文保元）年十月十六日「葛西殿御逝去八十五」とある。

(92) 「中興入道御消息」定本一七一六頁。佐々木文昭氏は評定における執権連署と評定衆の職権の違いについて「評定衆には理非に関わる発言と裁断の連帯責任が要求され、本来的な意味での理非決断＝裁断は執権の権限に属していた」として、多数決による裁断としたそれまでの定説に疑義を唱えられた（「鎌倉幕府評定制の成立過程」『史学雑誌』九二、一九八三・九、四七頁）。日蓮は御一門の反対の中で時宗が赦免を決断したとしており、また伊豆配流も佐渡配流も決裁したのは執権長時であり時宗だったとする〔「妙法比丘尼御返事」定本一五六一頁、前掲注（79）〕。佐々木説を支持する根拠になると思う。

（93）「窪尼御前御返事」定本一五〇三頁。

（94）前掲注（8）『鎌倉政権得宗専制論』一六三頁。

（95）前掲注（40）「北条時宗・金沢実時期の小侍所」一四六頁。

（96）『吾妻鏡』一二六一年（弘長元）正月四日、九日、十四日、四月二十五日、六月十七日の条など。御所の双六の会で、一五歳だった佐々木信実は工藤祐経に席を奪われたことに立腹し、祐経の顔を石礫で殴打する。頼朝は怒り、信実は佐々木氏から義絶された（『吾妻鏡』一一九〇〈建久元〉年七月二十日・二十一日の条）。将軍家が惣領を指名した祐光・盛祐がいる（「伊東大系図」『伊東市史　史料編　古代・中世』伊東市教育委員会編、二〇〇七、七二六頁）。『吾妻鏡』はその相続が不自然な場合、あたかもそれが正統なものであったかのような物語を挿入する。経時からその直系男子ではなく、弟である時頼が家督を継ぐ。すると泰時が将来の執権として経時よりも時頼の方がふさわしいと判断していたという物語が用意された（一二四一〈仁治二〉年十一月三十日の条）。また時輔と時宗についても時輔の重用が続くと、時宗の方が弓馬の腕が上で父の時頼が「家督を継ぐにふさわしい」と褒め、将軍が感心したという挿話が入る（一二六一〈弘長元〉年四月二十五日の条）。写本も存在したであろう文官官僚が残した供奉関連の序列記事に手は加えられない。仕方なく後世に検証不能な物語が創作されたと考えられる。

(97) 前掲注（21）『北条時宗と蒙古襲来』五七～八頁。

(98)「追加法」四二九～三二。『吾妻鏡』一二六六（文永三）年三月六日、十三日、二十八日の条。従来、「重事直聴断」の主語については佐藤進一氏［前掲注（9）『日本の中世国家』一四四頁］に代表されるように執権・連署と理解してきたが再考の余地はないだろうか。佐藤氏自身もこの一一年後に制定された「追加法」四七八の「直被聞食」の主語は将軍惟康であるとされた［前掲注（74）参照］。『吾妻鏡』によれば、引付衆廃止の直後に評定の事前事後の手続きを定め、鷹狩の遊興を禁止するなど、矢継ぎ早に指示が出ている。評定の手続きを改めて定めたのは、宗尊の「重事直聴断」を貫徹するためだ。ところが『鎌倉年代記』が記す「重事直聴断」を『吾妻鏡』は何故か省き、続く「細事は問注所に仰せ付けられ畢ぬ」も『吾妻鏡』は歯切れが悪い。この時の宗尊の断固たる意志を残したくなかったからだろう。この時の評定衆と結番は次の通り。〈一番〉名越時章・北条時広（時房孫）・大江時秀・小田（八田）時家・二階堂行方、〈二番〉金沢実時・名越教時・二階堂行義・二階堂行忠・三善倫長、〈三番〉安達泰盛・中原師連・武藤景頼・二階堂行綱。全員将軍近臣の名門だ。京極氏信は、前年六月に引付衆に突如抜擢されるも三月の引付衆廃止に伴い解任されながら宗尊更迭後の十二月に評定衆で復活する。氏信は将軍近臣の佐々木氏にあって得宗家と強く結んだ庶子である〔前掲注（8）『鎌倉政権得宗専制論』五六、七五頁〕。氏信の立場は、やはり前年六月に引付衆に抜擢され三月に解任された大仏宣時と時房流佐介家との関係にも当てはまる（渡辺晴美「北条一門大仏氏について〈上〉時房流北条氏の検討その二」『政治経済史学』一〇四、一九七五、五～六頁）。惣領庶子の対抗が得宗御内派に庶子が引き寄せられる動機になっている。宗尊による引付衆廃止の目的はこの二人の排除だったのではないか。廃止直前の二月九日には名門の斉藤（清原）清時が亡くなってもいた。清時の死と廃止は無関係だろうか。その後、氏信の復活を追うように翌年に将軍派の塩田義政・安達時盛の二人が評定衆に加わる。将軍派の巻き返しにちがいない。一方、宣時も将軍派と思われる金沢顕時とともに三年後の再設置で引付衆に返り咲く。水面下での熾烈な駆け引きが想定される。ところが、義政・時盛の二人の将軍派は建治年間に相次ぎ遁世する。二人の突然の遁世ぶりは異常だった。身の危険が切迫していたからだろう。惣庶の対抗が御内派の伸長を促し、幕政中枢で将軍派御家人を排除するまでに成長していたと考えるのが自然である。この一連の抗争に巻き込まれたと思われる将軍近侍の一族がいる。政所執事を務めた二階堂氏である。全員、執事在職中に死没する。「関東評定衆伝」から年月を挙げる。行頼・一二六三（弘長三）年十一月十日（三四歳）、行泰・一二六五（文永二）年十月二日（五五歳）、行実・一二六九（文永六）年七月十三日（三四歳）、行綱・一二八一（弘安四）年六月七日（六六歳）、頼綱・一二八三（弘安六）年十月二十四日（四五歳）。行綱は時頼没の直前、行泰は氏信・宣時の引付衆就任の直後、行実は引付衆再設置の直後である。頼綱の死は「弘安新御式目」策定の最中と思われ、時宗急逝の半年前である。連続する政所執事の死は単なる偶然だろうか。鎌倉市内の行政権と一部の警察権および刑事訴訟を管轄する政所の職権は、刑事訴訟権を持たない侍所の職権を抑え込んでおり［前掲注（24）『鎌倉幕府訴訟制度の研究』八四～五頁］、新御式目には御内人の幕政介入を阻む規定が盛り込まれていた（「追加法」五〇五）。政所と新御式目の発布が御内人と侍所の伸長に障害だったのは明らかである。二月騒動、日蓮斬首の企てが示すように、侍所所司も兼帯する内管領平頼綱を頂点とする御内人は斬殺を常套手段としたが、私は毒殺を含む暗殺を行った疑いもあると思う。頼綱の祖父である盛綱は、得宗家家令と執事を兼帯して御内人筆頭の執事職の地位を確立した。それは初代家令の尾藤景綱の病死によって手中にしたものだったし、執権経時の誕生で失った執権執事の地位は、やはり経時の病死と自らが執事を務めた時頼の執権就任によって取り返したものだった〔前掲注（8）『鎌倉政権得宗専制論』一〇七～九頁〕。景綱も経時も、本来その職を継ぐべき直系男子は結果的に盛綱によって除かれた。先に触れた新御式目発布の直前には時宗も急死している。一四歳の嫡男貞時が執権となるが、乳夫は頼綱である。将軍派の連署業時も急逝した。盛綱・頼綱が権力基盤を固め伸長しようとする際、その障害となる者たちが不遇の死を遂げている点を指摘しておきたい。一二九三（永仁元）年四月に平禅門の乱で頼綱が討たれると六月に将軍近臣に三番の引付頭人を任じたが、十月には引付衆を廃止し新たに執奏七人を任命した。七人は全員が将軍近臣といえる評定衆だ。三番制から七番制への拡大である。ところがこれも翌年十月には廃止して従来通り五番の引付衆の再設置となる。一見、複雑な動きにみえるが、ここで実現しようとしているのは将軍の「於重事者《は》、猶直聴断」である。文永三年と同じだ。一二八四（弘安七）年四月の時宗没後、佐藤進一氏が「引付責任制」と称する「引付頭人に対する強権の賦与」を通じて訴訟手続きから「執権連署の関与する機会を全く消失せしめ」る一連の法整備が行われた〔前掲注（24）『鎌倉幕府訴訟制度の研究』四九頁〕。狙いは頼綱（貞時）の排除にちがいない。その頼綱の誅殺後に将軍家は、細事も含めて将軍の「直聴断」とする七人の執奏制を敷いたが、訴訟が停滞したのだろう。翌年、「重事直聴断」に改めて引付衆を再設置した。この時点で障害だったのは連署の宣時ではなかったか。この後、重責の越訴方（再審審判所）をめぐって廃置が繰り返される。壮絶な抗争の跡が歴然だ。なぜ貞時・宣時は執拗に越訴を嫌ったのか。最も合理的な解釈は、一二七七（建治三）年に宣時が引付頭人に就任して以来、連署となる一二八七（弘安十）年までの間、不当な訴訟指揮で御内人の利益拡大をはかったからとするものだろう。正応年中に越訴された事案に、御内人と思われる工藤次郎左衛門入道理覚の権威を傘に審理が進まなかった例がある［前掲注（24）『鎌倉幕府訴訟制度の研究』一〇八頁］。一三〇〇（正安二）年十月には越訴方を廃して、なんと御内人が越訴官領を手中にする（『鎌倉年代記』）。前代未聞である。看過できないのは当然で、翌年八月に貞時と宣時の執権連署を同時解任するという異常事態に発展した。対立は頂点を極めたといえよう。新たな執権連署には師時と時村が就任し、越訴方は復活する。この年の人事は他を含めすべて将軍家主導だったと思う。葛西殿と宣時ら得宗御内派は強く反発した。一三〇五（嘉元三）年の嘉元の乱で討たれた時村と、射手を疑われて誅殺された宗方はともに将軍派だった。宗方は前年に得宗家執事と侍所所司を得宗被官から奪った初の御家人であり、越訴頭人である。得宗御内派の本丸へ乗り込んだ大将といえる。従来、奇怪な事件とされた背後には「虚御教書」の発給も辞さない宣時らの用意周到な計略があったにちがいない。誤殺された時村討伐の実働部隊で処罰を逃れた得宗被官もいた［前掲注（8）『鎌倉政権得宗専制論』二九七頁〕。事件の推移は二月騒動をなぞるが如くである。詳細は別の機会に譲り、文永三年から嘉元の乱まで大急ぎで一筆書を試みた。この間、幕政は一方の極に将軍専制があり、その対局に御内人専制があり、評定による合議制は両極の間で激しく動揺していた。まさに十四世紀初めの「沙汰未練書」にいうところの「外様（将軍家に仕える地頭御家人）」と「御内方（得宗家の奉公人）」の対抗である。この動揺の端緒は、泰時時代に求められると思う。それまで御家人が就いてきた侍所所司を非御家人の得宗被官に譲り得宗家家令を兼帯させ、泰時は強力な暴力装置を家事化する。また鎌倉殿の政子が敷いた義時と時房の二人後見制を、慣習を破るかたちで佐介氏と大仏氏の惣庶対抗を作出して佐介氏の力を削ぎ、泰時は単独執権となる。いずれも得宗家が将軍家をしのぐ強権を手に入れるための奸計だ。「御成敗式目」によって法治を実現した泰時だったが、一方でその胎内に孕んだ肉腫はやがて頼綱と宣時の双頭を産み落とし、幕政を揺さぶり続けたのではなかったか。仮説として提示しておきたい。この仮説から次の推論も生れる。南方六波羅探題は将軍派の牙城だったのではないか。政子が将軍後見に任命した時房に続く佐介氏は、将軍近臣として南方に派遣された。時房の嫡子の佐介時盛を継いだ時輔は二月騒動で殺され、佐介時国も葛西殿の了解のもと頼綱に斬殺された。得宗御内派が二人を除いたのは将軍派だったからである。南方に不在期間があるのは、そこに将軍家の命を受けた独自の職務があって、通常の幕政業務を遂行する北方とは主務が異なっていたからだと思う。この推論は「両者に職掌上の相違は存在しないが、リーダーたる執権探題には長く北方が就いてきた」とする森幸夫氏の詳細な論考の結論（「南北両六波羅探題についての基礎的考察」『国史学』一三三号、一九八七・十二、五四頁）とも矛盾しないと考えるがいかがだろう。本郷和人氏は『吾妻鏡』が文永三年の宗尊追放をもって擱筆しているのは象徴的だとして、これを編纂した「十四世紀初めの幕府は、なお両派（統治派・利益派　筆者注）の抗争の影響を色濃く受けて機能していた。この趨勢はおそらく幕府の終焉まで変わらなかったのではないか」〔前掲注（76）『新・中世王権論』二〇〇頁〕とされたが、まったく同感である。付言すれば、『吾妻鏡』の編者は将軍追放によって得宗が鎌倉の新たな主になったという物語を残そうとしたとみえる。十四世紀初めに得宗家がそういう物語を欲したということでもある。鎌倉後期を得宗専制で無力なお飾り将軍の時代とする理解は、この物語に強く影響されたものとは言えないだろうか。幕府の終焉について本郷氏はこう述べる。「鎌倉幕府という枠組みの否定は、御家人たちは考えていなかった。だからこそ幕府の第九代将軍である守邦親王は討伐の対象にならなかった。滅びていったのは北条高時をはじめとする北条一門と、北条氏の主従制に包摂された御内人であった」（同前二三〇頁）。私もそう理解する。そこから振り返って『吾妻鏡』の編者を考えると葛西殿がどうも気にかかる。十四世紀初頭に至るまで将軍派との闘争の中心にいた得宗御内派の首領といえる女性である。天皇家を差配した母后を彷彿させる。財力・情報力・教養も十分だ。文官記事の入手、書き手にも不自由はしない。『吾妻鏡』絶筆の一二六六（文永三）年までの幕政の表裏を知悉する。重時の長女・時頼の正妻・時宗の母であり、得宗家の嫡流とは言い難い時頼・時宗の正統性を是が非でも残したい。そのために創作挿話と記事を活用する。葛西殿の時宗・宗政・姫の三人の子の出産記事は詳細だ。特に時宗の懐妊前からの記録は克明を極め、それは他に例をみない。当然、将軍家が有利となる記事は省き、仇敵である佐介氏・名越氏に加え、本来、得宗家を継ぐべき時頼の兄の経時系も傍流扱いとする。『吾妻鏡』にはそうした操作の痕跡が明らかだと思う。そして自身を含め、御内派に不利な記述は残さない。だから途中、欠年もあり、一二六六（文永三）年で終わる。この擱筆は、それ以降、御内派の動きが活発になったはずだと推測させる。後考を俟ちたい。

（99）前掲注（48）『北条氏と鎌倉幕府』一六〇頁。

（100）前掲注（21）『北条時宗と蒙古襲来』六二頁。

（101）「追加法」五七八。

（102）「善無畏三蔵抄」定本四七六頁、「中興入道御消息」定本一七一五頁。

(103)「一昨日御書」定本五〇一頁。
(104) 前掲注(48)『北条氏と鎌倉幕府』一九〇～七頁。
(105)「四條金吾許御文」定本一八二三～五頁。
(106) 前掲注(21)『北条時宗と蒙古襲来』二一〇～三三頁。
(107) 前掲注(76)『新・中世王権論』一九〇頁。細川重男氏は、「新御式目」前半の徳目条項も含む一八条は得宗貞時(一四歳)を奏上対象とする規定だとされた[前掲注(8)『鎌倉政権得宗専制論』二四八～九頁]。表向きの対象が得宗であることはその通りだが、これまで論じてきたように真の宛名は得宗被官を含む得宗家、わけても乳夫として貞時を抱き得宗家を差配した頼綱とその背後にいた葛西殿だったと考える。
(108)「佐渡御書」定本六一二～三頁。佐藤進一氏は、寛元・宝治の「両事件は疑いなく将軍勢力と執権勢力との衝突なのである」とされた[前掲注(9)『日本の中世国家』一一四頁]。
(109) 前掲注(87)「都市鎌倉における北条氏の邸宅と寺院」六一頁。
(110) 前掲注(88)『蒙古襲来(下)』五八頁。
(111) 前掲注(74)『中世法制史料集　第一集』二五〇～一頁。
(112)『とはずがたり』(筑摩選書一四〇、一九六九)一五〇～三頁。

(113)「一昨日御書」定本五〇二頁。
(114) 前掲注(87)「都市鎌倉における北条氏の邸宅と寺院」六一、六八、六九頁。
(115) 前掲注(88)『蒙古襲来(下)』五五～六頁。
(116) 福島金次『安達泰盛と鎌倉幕府』(有隣新書、二〇〇六)一八八頁。
(117) 前掲注(8)『鎌倉政権得宗専制論』五〇頁。
(118) 前掲注(76)『新・中世王権論』一九一頁。
(119)「追加法」五六三～五。
(120)「承久に王位つきはてて世東にうつりし」(「報恩抄」定本一二二三頁)。
(121)『吾妻鏡』一二〇〇(正治二)年五月十二日の条。源頼家が念仏僧を禁断したとある。「代(よ)東にうつりて年をふるままに、彼国主を失ひし眞言宗等の人人鎌倉に下り、相州の足下にくぐり入りて」(「妙法比丘尼御返事」定本一五五九頁)。

Ⅲ　日蓮と政治

はじめに

鎌倉期の日蓮研究には、大別して二つの視点が想定される。一つは、主に教義・教理を中心にした宗教学ないし思想史的な視点、あと一つは門弟を含め、教団の運動や政治動態に焦点を当てた歴史学もしくは政治史的なそれである。

日蓮は、「立正安国論」を上申して時の執権政治を諫め、一方、幕府からは二度の流罪に象徴されるような政治的圧迫を受けているのであり、日蓮研究にとって、幕政との関係の考察は必要である。その意味で、日蓮と門弟の人的ネットワークとその宗教意識から、日蓮と教団を幕政との関連を含めて論じた高木豊氏の『日蓮とその門弟』（弘文堂、一九六五）は貴重である。それ以前の研究史は同書を参照されたい。

その後、近年における日蓮研究の成果として、中尾堯氏の『日蓮』（吉川弘文館、二〇〇一）、佐藤弘夫氏の『日蓮』（ミネルヴァ書房、二〇〇三）、小松邦彰氏らの編著による『シリーズ日蓮』（春秋社、二〇一四・五）などがあるが、日蓮と教団の政治動態そのものを考察しようとしたものではない。また、政治史の論考で比較的新しいものに本郷和人氏の『新・中世王権論』(新人物往来社、二〇〇四)、細川重男氏の『北条氏と鎌倉幕府』(講談社選書メチエ、二〇一一)などがある。しかし、これも日蓮の動きを追ったものではない。

そこで本論では、政治と教義の二つの視点を踏まえ、日蓮と教団の動向を見てみる。当時の政治状況を勘案しつつ門下の政治的立場、日蓮の教説がもつ政治的な意味を分析し、教団と執権政治の関わりについて考察する。二つの視点を持つことで、日蓮と幕政との関わりをより重層的に俯瞰し、新たな日蓮像を提示したい。

日蓮教団の政治的立場

日蓮と門下の階層

日蓮は安房国長狭郡東条郷の片海に生れた。この地の中心は、源頼朝が平家を下した戦勝記念として伊勢神宮に寄進した東条御厨である。日蓮の出自については、日蓮が「旃陀《せんだ》羅《ら》が子」と自称していること以外、詳しいことは分からない。しかし、この日蓮の自称をそのままは首肯し難い。そもそも「旃陀羅」などその身を卑下する自称は、「糞嚢に金を包む」などの対比と同様の文脈で用いられ、はかない凡身が無上の法華経を持つ悦びを表明する場合に限られているのである。

社会階層が固定された時代において、文字の素養も当然、出自と無関係ではなかろう。地頭御家人に文盲がいた時代である。(1) 土地や領主に付属し、売買の対象ともされた庶民(下人・所従・田夫)に文字の素養はない。高木氏は、日蓮は荘官層の出であろうと推測し、日蓮の幼時に乳母が存在したことを指摘されたが、(2) 漁事・海事に関心を寄せ、下人や銭貨の使用に慣れ、名馬や名刀を愛でる態様も、領家ないし御家人の被官層にふさわしい。日蓮が書簡で出自に触れないのは、当時の門下にとってそれが自明であったからであろう。

一方、日蓮の弟子も由緒正しい血筋のものたちである。日昭は藤原一族の伊東氏で、工藤祐経の孫であり、日朗も清和源氏の流れを引く平賀氏である。いずれも所伝だが、(3) 日昭が材木座の祐経邸跡に実相寺を創建し墓所を留め、日朗が平賀邸跡に本土寺を創建した点は重く見ていい。高木氏は、日興が大宅氏の流れにあるとされた。(4) 仏法が鎮護国家の責務を担い、その修得が最上の教養であった当時、出家には特段の素養を求められた結果にちがいない。

では、日蓮の檀那はどのような社会階層にあったのか。それを示す一例として、まず日蓮の書簡をみたい。日蓮が漢文書簡を送ったと判明する檀那は、池上宗仲、富木常忍、太田乗明、曾谷教信、波木井三郎、大学三郎、妙一尼の七名である(5)。得宗被官であったが東国武家の南条時光や、やはり武家の四条金吾に漢文書簡は送っていない。七名は漢文を読みこなせたのであり、その高い教養からは貴族の血筋が想定されよう。

また、弟子の日興は、日蓮の葬送を書き残している(6)。それによれば葬列の次第は、棺に近い者から、源内三郎、大学三郎、富田四郎太郎、大学亮、南条時光、太田乗明、富木常忍、四条金吾、池上宗仲、四郎次郎、二郎三郎の順になる。筆頭の源内三郎を日興は「御所御中間」と記し、末の二郎三郎を「鎌倉の住人」とすることから、身分によった序列とみていい。将軍御所の在勤者が葬列を飾っており、日蓮と将軍家との有縁が推察される(7)。源内三郎自身は、将軍家の使者であろう。

源内三郎に続く大学三郎は、乳母として配流中の源頼朝を支えた比企尼の孫で、その家督を継いだ比企能本である。南条は得宗被官であり、太田乗明は初代問注所執事を務めた三善康信の孫である。そう考えて序列に矛盾はない。また、富木は千葉氏の被官で貴族出身の官僚であり、池上宗仲は、藤原氏の出で作事奉行と伝えられる。名越光時、親時の重臣であった四条頼基の序列は低い。光時は、千葉氏、三浦氏などの名だたる豪族御家人や評定衆を従え、前将軍頼経を担いでクーデターを起こし、北条時頼と執権職を争った人物である。また光時の嫡子・親時は将軍惟康の近臣で、頼基は親時の御所出仕に供奉していた。その頼基が檀那の下位にあった事実は、源内三郎の存在と併せ考えて日蓮門下の社会階層を知る上で示唆に富む。

さらに、日蓮が赦免されて佐渡から鎌倉に向かう際、善光寺の僧徒らが日蓮の斬首を謀ったが、越後守（金沢実時）の数多くの衛兵が日蓮を護衛していたので、僧徒らは手出しができなかったと日蓮自身が誇ってもいる。(8)

このような門下らの庇護によって運営される日蓮の教団は、後に身延山に一〇〇人を超える弟子らを抱え、五〇〇畳を超す大坊を建設するなど、(9)経済的にも安定していた。日蓮の遺物も馬六頭、銭二六貫文、小袖一八着等あり、(10)やはり有力御家人に比せるものだろう。しかも教団は、執権政体と同様、御家人と法曹官僚の二者によって支えられ、その子息を弟子として取り込んでいた。時の政権が、このような教団をある種の政治勢力と認識し、その動向を注視していたであろうことは想像に難くない。

出自についても、日蓮が東条御厨の出身である誇りを再三強調し、頼朝に対する親近感を表白している点は重要である。[11]先に見たように日蓮の門下には、将軍家と近かった名門の血筋が多い。比企氏、三善氏、伊東（工藤）氏、平賀氏、さらに日蓮自身が千葉氏の九代目当主・宗胤の幼少時に本尊を送っており、[12]千葉氏との並々ならぬ関係も伺えるのである。日蓮の弟子は、その布教を自らの血縁を中心に行っている。[13]日昭や日朗、日興の教線は、三人の血縁と不可分の関係にある。日蓮の教線も、日蓮自身の血縁から伸びたものとみて間違いなかろう。

名越家と教団の立場

北条義時以来、得宗家にとって主に三つの脅威が存在した。一つは頼朝の血をひく将軍家であり、二つには頼朝以来の有力御家人であり、三つには同じ北条一門にありながら常に得宗家に対峙し続ける名越家である。北条得宗家は、日蓮の活動期までに前二者の排除には成功したが、名越家の脅威は残存していた。[14]なぜ同じ北条一門の名越家が得宗家の脅威となったのか。

名越家の祖は、北条義時の次男・朝時である。ところが朝時は、兄の泰時が執権職を継いだことに当初から不満をもっていた。朝時には泰時を見下す「我こそ嫡流なり」との強い意識があり、その原因を泰時の出自に求める説も提示されている。[15] 朝時の生母は御所の女房で比企氏の姫の前である。一方、泰時の生母は不明で、父・義時は泰時よりも次男の朝時を厚遇していた。泰時にとって血筋こそが執権継承の拠り所である。にもかかわらず、それに対して公然と嫡流意識を表明する名越家の存在が脅威となったのは当然である。

一二四六（寛元四）年、泰時の孫である時頼が執権職に就くと、朝時の嫡男である名越光時は「我は義時が孫なり。時頼は義時が彦なり」と述べ、前将軍であった頼経を担いでクーデターを謀る（宮騒動）。ここで特筆すべきは、光時への同調者が多数にのぼったことである。評定衆から後藤氏、千葉氏、三善氏らが光時方に加わり、さらに相模国最大の豪族であった三浦氏など多数の有力御家人が時頼から離反する構えをみせた。結局、このクーデターは失敗に終わる。しかし時頼は間髪を入れず三浦氏を滅ぼす（宝治合戦）。得宗家にとって名越家を中軸とする勢力の脅威が、いかに切迫したものであったか推察されよう。

さらに一二五六（康元元）年、時頼が執権職を退くと、執権とそれを補佐する連署の職は、名越家を包囲する形で目まぐるしく動き始める（**表4、一七四頁参照**）。このたらい回しともいえる権力の委譲によって、得宗専制への基盤が整えられていき、一二七二（文永九）年の二月騒動で名越家を凋落させ、国内における得宗家の脅威は消滅する。日蓮の前期（一二五三－七二）は、まさに名越家をめぐる北条一門の熾烈な抗争の渦中にあったのである。

一方、日蓮の初期の門下に目を転じると、先にも指摘した通り、名越家と同じく将軍家に重用されながらその後、得宗家に謀殺ないし疎まれた御家人の血を引くと推定されるものが存在する。そしてこれらの血縁を軸に教団の教勢は拡大した。教説の問題以前に、教団の構成は反得宗の色彩が濃いものだったのである。日蓮はすでに一二五三（建長五）年の安房における東条景信による弾圧の背後に、極楽寺重時の存在を挙げている。執権に次ぐ連署の立場にいた重時が、鎌倉からほど遠く、しかも無勢に近い立教直後の日蓮を、なぜ弾圧する必要があったのか。これも名越家との関係に注意を払う必要があろう。

重時は朝時のすぐ下の弟であったが、常に得宗家から重用され続けた。執権泰時が朝時を抑えるために重時との連合を図ったからである。長男と三男が手を組んで次男を封じ込める。以後、重時を祖とする極楽寺家は、名越家に対する抑えとして得宗家との二人三脚によって栄華を極めていく。ところで、仮に日蓮が名越家と近しい存在であったとすれば、日蓮の教線の拡大が重時の目には名越勢力の伸張と映じたはずである。重時が、その動向を早い時期から警戒するのも当然であろう。川添昭二氏が指摘する通り、安房での対決の延長線上に、鎌倉での日蓮弾圧がある。(16)

ここではさらに踏み込んで、日蓮と名越家との接点を考察したい。佐藤弘夫氏は、日蓮が幼少期に両親とともに御恩を被った「領家の尼」は、東条御厨の領家であろうとされるが首肯できる。(17) そしてその領家とは、名越家ではなかったか。

日蓮の檀那であったことで知られ、名越朝時の妻との伝承もある「名越の尼」は、一二七一（文永八）年の弾圧と続く二月騒動の時期に日蓮の元を去っており、それ以前からの門下であった。一二五三（建長五）年、地頭の東条景信による領地強奪に対抗して日蓮は「領家の尼」に加担して訴訟指揮を執る。この景信の領地強奪は、光時の配流によって名越家の力が衰えた時期と重なっている。重時が圧迫を加えるには好機だったといえよう。

訴訟は、問注所の裁断を仰ぐものだったが、異例の速さで領家勝訴に決したことを、日蓮は法華経信仰の験と誇る。(18) 後に四条頼基が讒言《ざんげん》によって弾圧を被った際、日蓮は陳状を下書きし、それを富木常忍や比企能本らに清書させて上申の準備をしている。(19) 領家訴訟も、同様の人的ネットワークの活用があったと思われる。当時、日蓮はまだ鎌倉に出る前だったが、千葉氏の被官だった富木、問注所との往還も指摘される太田など、下総にはそれにふさわしい人材が揃い、千葉氏の協力も得られたのではなかろうか。
すでに中尾堯氏が指摘しているが、千葉氏十代当主の胤貞は、亡父の九代当主宗胤とともに名越氏の遺骨を保持しており、[20]千葉氏と名越氏の深い接点がうかがえる。さらに宗胤は幼少時の一二七六（建治二）年、父・八代当主頼胤の一周忌に当たり日蓮から曼荼羅を送られ、一方、胤貞は子息を日蓮の弟子としていることから、千葉氏には、頼胤（一二三九－七五）の時代から続く日蓮との強い結びつきが想定される。実際、日蓮が立正安国論を与えた八木胤家は、頼胤の幼少時にその後見として重要な役割を果たしたという。[21]
領家方の勝訴後、鎌倉名越邸の至近の要所に草庵が用意され、日蓮に拠点を提供しているる。これも千葉氏、名越氏、日蓮の重縁によるものと考えられる。

二月騒動と日蓮弾圧

一二六八（文永五）年、蒙古からの国書によって勘文の予言が的中すると日蓮の教団は急速に拡大し、国内に一割を超える勢力を形成したと日蓮はいう。[22]後年、日蓮は当時を回顧し、政権はこの時点で日蓮を国師として処遇すべきだった、と述べる。[23]具体的には、①日本第一の褒章、②朝廷による大師号の下賜、③軍議への招聘、④異国調伏の祈祷の要請、との四点を挙げる。実はこれが、日蓮が政権に待望する処遇だったという点は重要である。日蓮の唱える立正安国の理想は、すでに日蓮自身の処遇に対する政治目標を含んでいたのである。

一方、日蓮から一段と激しい批判を受けた高僧らは、日蓮教団が悪口・放火・武器の集結などを行っていると訴える。当時、鎌倉には悪党と称される集団が蛮行を働き治安を乱しており、幕府は蒙古への防御からも治安には神経を使い、悪党の追放を命じていた。高僧らは、日蓮教団をその一群に加え、処断を求めたようである。さらに重時の娘であり、時頼の妻であり、現執権・時宗の母である後家尼御前（葛西殿一二三三－一三一七）に取り入り、時頼と重時は地獄に堕ちたと日蓮が喧伝している、との作り話を聞かせ(24)、日蓮に対する敵愾心を高揚させた。後家尼に縁ある人々は後々まで「亡き時頼、重時殿のかたき」と日蓮を恨み、一二七九（弘安二）年の富士における熱原法難にも後家尼の介在が疑われる(25)。

一二七一（文永八）年九月の竜ノ口処刑と、続く佐渡流罪についても日蓮は、「御尋ねあるまでもなし。但須臾に頸をめせ。弟子等をば又或は頸を切り、或は遠国につかはし、或は籠に入れよと、尼ごぜんたちいからせ給ひしかば、そのまま行はれけり(26)」と述べ、後家尼らの意を受けた問答無用の処断だったという。

御成敗式目によれば、日蓮の断首が可能になるのは「殺害刃傷」があった場合である。悪口咎の罪状では、流刑が最も重い処分であった。日蓮は、無法な斬首の企てについて「外には遠流と聞へしかども、内には頸を切ると定めぬ[27]」と述べ、政治的な謀略と認識している。後家尼の意を受けた処刑の指令者は、侍所所司であった平頼綱である。

この企ては、執権時宗が下した「立て文」によって、かろうじて回避された[28]。時宗の処断について日蓮は、時宗の正室が臨月を迎え、僧侶への無法な処刑を嫌ったからであるとの伝聞を記している[29]。しかしこの話は、時宗自身の意志というよりは、むしろ何者かが時宗を説得する口上にふさわしいように思われる。とかく過剰な処断に走る頼綱を、寄合衆の安達泰盛が抑止するという、その後も繰り返された当時の幕政中枢の振幅の一環と捉えた方が自然ではなかろうか。いずれにしても、後家尼と頼綱の連携が日蓮弾圧の重要な要素になっていた点を指摘しておきたい。

さらに、日蓮斬首の企てと二月騒動もまったく無関係ではなかったと思われる。一二七二（文永九）年二月に、執権、連署に継ぐ第三の要職にあった名越時章、その弟の教時が謀反の疑いで殺されて名越家は力を失うのだが、攻撃の首謀者は頼綱であり、これは日蓮配流の四か月後に起こっている。この事件で日蓮門下にも伊沢入道など死傷者が出たようで、京都と鎌倉で死亡した人々の名前を知らせるよう門下に求めており、日蓮自身も後に「もし流罪されずに鎌倉にいたならば、私は二月騒動で間違いなく打ち殺されていたであろう」[30]と述懐している。また、名越氏の殺害についても、「日本国のかためたるべき大将ども由なく打ちころされぬ」、「文永九年二月の十一日に、さかんなりし花の大風におるるがごとく、清絹の大火にやかるるがごとくなりし」[31]と述べ、その無念を表明する。先に触れた「名越の尼」はこの時期に日蓮のもとを一旦は去ったものの、後に後悔し、嫁の新尼(誅殺された教時の妻)とともに日蓮に本尊を請うたようである。[32]

こうした一連の経過は、日蓮と名越家の結びつきの深さを示しており、それが日蓮に対する処遇にも直結していたといえよう。

安達泰盛と平頼綱の抗争

日蓮の後期(一二七二‐八二)は、時宗の治世にあたっており、この時期、幕府内では安達泰盛と平頼綱との抗争が進行していた。泰盛は、御家人の棟梁であり執権外戚として東国武家の利益を代表する存在であった。一方の頼綱は被官の立場にありながら、御内人と呼ばれる得宗家との私的な関係の強さに乗じて幕政に深く関与してきていた。

特に名越家の凋落を決定づけた二月騒動は、御内人（得宗被官）の頂点である頼綱の指揮によって準備された名越家への攻撃であったが、結局、無実の時章を誤殺したとして射手だった御内人を処刑し、事態の収拾が図られている。これは、御内人主導で起こされた事件に対して外様（御家人）の代表である泰盛らが異議を唱え、逆に御内人を処分した逆転劇であった(33)。事件は、頼綱と泰盛との本格的な闘争の幕開けと位置づけられよう。後期における日蓮と教団に対する処遇の変化は、頼綱と泰盛の抗争と深く関連していたと考えられる。

ここで日蓮の大檀那である比企能本の存在に注目したい。能本と泰盛はもともと縁戚関係にあり、清田義英氏が指摘されたように、能本は泰盛の書の師匠でもあったようだ(34)。この能本―泰盛の関係が、これ以降、日蓮と教団の立場を決定づけていく。頼綱による日蓮斬首の企ても、能本の尽力によって泰盛が日蓮に味方した結果、時宗が処刑の回避に動いたものであろう(35)。また二月騒動においても、泰盛の逆転劇と符節を合わせて日蓮の弟子が入牢を解かれ、日蓮自身も塚原から一谷入道のもとに移されて待遇が改善されている。佐渡配流中、日蓮を預かった大仏宣時は、三度にわたって偽の御教書(36)を発行して日蓮を圧迫したが、細川重男氏の指摘[37]によれば宣時は頼綱派である。竜ノ口で夜間の日蓮斬首に失敗すると、宣時は預かり役でありながら早朝に鎌倉を離れ、熱海の湯に向かう。泰盛派の巻き返しを予測した意図的なサボタージュであろう。また、佐渡で念仏者が日蓮斬殺を謀った際、佐渡守護代だった本間重連が、「殺してはいけないとの上からの副状がある」ことを明かし、謀議を退けている。[38]配流中も、常に両者の息詰まる攻防の渦中に日蓮の身があったことが伺える。

さらに一二七四（文永十一）年二月十四日の配流赦免も、前年に連署と武蔵守とに任官して日蓮を預かった塩田義政が、実は泰盛派だったという本郷和人氏の指摘[39]に従えば、ここにも泰盛の影響をみることができる。日蓮が先の偽御教書の不法を時宗に訴え出て、赦免に繋がるのだが、直訴のタイミングは能本と泰盛が計ったに違いない。ちょうど赦免直前の十二日に鎌倉で合戦があり、名越親時も攻められた。親時はこれを無事に乗り越えて戦いは収束している。[40]赦免の手配はこの合戦を契機に整えられたのだろう。日蓮は後に能本へ並々ならぬ感謝を伝えている。[41]日蓮の待遇の改善は、いずれも頼綱派の伸張を泰盛派が押さえ、泰盛派が優位に立った時に行われたものと考えられる。

また、佐渡に配流中、門下が鎌倉で赦免を求めて動こうとするのを、日蓮は強く制止する。そしてこれを守らない者は、日蓮の弟子ではないとまで厳命した[42]。これも門下の動きが政治的に利用されることを警戒したからに違いなく、日蓮が鎌倉の政治動向、特に頼綱と泰盛の抗争を強く意識していた証左である。蒙古の攻めは天の治罰であると政権を責め立てて門下の宗教的情念を駆り立てつつも、実際の運動をいさめる日蓮の指示には、現実政治を見極める冷徹な眼があったといえよう。

身延入山後、日蓮個人に対する弾圧は終息する。一方、建治年間には頼綱派の伸張[43]と符節を合わせ、門弟に圧迫が加えられた。特に連署義政の遁世と処分があった一二七七（建治三）年六月、四条頼基は讒言をもとに「法華棄経」の起請文を書くよう迫られ、十月に頼綱が寄合衆に加わると、池上宗仲、宗長の兄弟も同様の圧迫を受けて、宗仲は父から勘当される。弾圧の狙いが日蓮本人から、門弟と日蓮の離間に移ったようすがうかがえる。ところが、これらの弾圧も、ほぼ時を同じく「上の御一言」で終息しており、これも泰盛派の動きと無関係ではあるまい。

一方、佐渡流罪によって衰えた教勢は、蒙古襲来の動きを受けて息を吹き返し、教線も拡大していた。日蓮はこの時期、頼綱を筆頭とする御内人を「獅子身中の虫」と言い、「守殿の御恩にてすぐる人々が、守殿の御威をかりて人々を脅し、悩まし、わずらわし候[44]」

と痛烈に批判する。これに反駁する頼綱や忍性などが、攻撃の機会をうかがっていたことは想像に難くない。背後には後家尼が、得宗家を象徴する存在として控えていたであろう。後期の日蓮教団は、後家尼（得宗家）—頼綱（御内人）—忍性（諸僧）という御内人に連なる勢力と対峙し、泰盛と頼綱のしのぎを削る対立抗争の内に揺れていたのである。

日蓮仏法の政治性

題目と念仏

前章では日蓮教団の政治的立場を見てきた。次に日蓮が唱える教説が、当時の政治権力にどのように映ったかを考察したい。

鎌倉時代初頭、仏教界は他宗を否定する専修念仏を邪教であると断じ、さらに幕府に念仏禁制を徹底するよう直訴していた(45)。しかし念仏の流布は衰えず、幕府の禁制を凌駕して広まっていく。一二五九（正元元）年、日蓮は「念仏者追放宣状事」を著し、過去からの幕府の通達を守り、念仏者を追放するよう主張している。この時点で日蓮が確認しているのは、念仏者の宗教的、政治的不法性と日蓮の正当性である。ところが「立正安国論」の提出後まもなく、日蓮の名越の草庵が襲撃される。この経緯について日蓮は、浄土宗の良忠（然阿）が真言律宗極楽寺の良観房忍性に讒言したことによると認識している。安房、下総での対立の延長といえよう(46)。

念仏信仰の魅力は、端的にその平易さにある。日蓮が安国論で指摘するように、当時は相次ぐ天変・疫病・飢饉・戦乱によって社会は荒廃し、末法の到来を肌で感じる時代相であった。にもかかわらず鎮護国家を旨とする既存の仏教界は、仏の救済を願う個人の要求に応じられず、唯一、念仏信仰だけが時代の要請に応えていた。経巻の入手に膨大な費用を必要とし、しかも御家人でさえ漢文の素養に恵まれなかった時代である。仏典を読める者は貴族出身に限られていた。このように財力と教養に富む貴族・武家にしか許されなかった法華経の読誦や書写などと違い、念仏は万人に開かれた宗教性を有していたのである。

一方、鎌倉初期には篤く受容されていた法華経信仰(47)は、宗教的素養に未熟な武家の台頭と符節を合わせた念仏の普及によって急速に衰退していく。日蓮が法華経信仰を再興しようとした時、南無妙法蓮華経の唱題という形態をとったのは偶然ではない。法然の念仏流布から遅れること八十年、後発の日蓮は南無阿弥陀仏の易行に対して南無妙法蓮華経という法華経の題目を唱える易行をもって、法華経信仰の再興を図ったのである。

念仏は法然以前から行われていた修行だが、日蓮もこれに対し、すでに平安時代に一部で行われていた南無妙法蓮華経の唱題を、法華経修行の易行として理論化する。妙法蓮華経の題目五文字に法華経のすべてが集約されていると論考した智顗（天台大師）の「法華玄義」を根拠に、題目の信受は法華経全体の信受と等価であると主張した。

南無の二字は、神仏に対する帰命、信服を表す言葉で、信仰の対象に南無を冠して帰命を誓う形式は一般化しており、阿弥陀信仰も法華経信仰もこの点に変わりはない。日蓮は、帰命の対象を阿弥陀仏とした南無「阿弥陀仏」に代え、南無「妙法蓮華経」と法華経を帰命の対象として題目を唱えたのである。[48] 唱題の提唱は、それ自体が念仏に対する折伏であり、法華経信仰も万人に開かれた宗教性を有することになった。日蓮は「権経の題目流布せば実経の題目もまた流布すべし[49]」として、こうした信仰形式の変化を、仏法が人々の願望に応えてより広く一般化するための知恵であると歓迎している。

寺社利権と弾圧の動機

ここで、忍性など高僧らが日蓮を排撃した理由を考察しておきたい。

そもそも日蓮排撃の理由が教義上の問題なら、なぜ日蓮が切望して止まなかった幕府による公場の法論が実現しなかったのだろう。日蓮の教義の排他性や選択の論理が問題だとしても、畢竟これも論争の枠を出ない。実は彼らには教義問題以上に切実な日蓮排撃の動機が存在した。政治的、経済的権益の問題である。

社寺は多くの寺領を領有しその経営にあたる領主であった。当時の祭礼は武力にも匹敵するもので、社寺は、天災や戦闘に際して祈祷を行い、日時や方角の吉凶を占い、法令や天災について進言する勘文を通じて、幕府や有力者を助けると認識されていた[50]。御家人は論功によって所領が安堵されたが、社寺は幕府や有力者の帰依によって、所領の安堵が約束されていたのである[51]。

日蓮は安国論で、念仏への「施を止めよ」と主張する。そして一二六八（文永五）年、蒙古からの国書が届いて安国論での予言が的中し、さらに一二七一（文永八）年には、忍性による祈雨の祈祷が叶わなかったことから、日蓮の忍性攻撃は激しさを増した。いずれも祭礼に関わる問題であり、忍性の経済基盤に直結する問題であった。

日蓮が佐渡に配流中、その布教によって佐渡の念仏者が相次ぎ日蓮門下となっていく事態に対し、念仏僧たちは「日蓮を殺害しなければ、我らは餓死してしまう[52]」と嘆いている。ここに日蓮を弾圧する動機が端的である。念仏僧たちが恐れたのは「餓死」であり、日蓮門下の拡大は、既存の仏教者がその経済基盤を失うことを意味していたのである。

日蓮が殊に激しく批判した忍性を例示してみよう。当時、鎌倉には天変・飢饉によって多数の流人・非人が押し寄せた。石井進氏の指摘によれば、極楽寺の別当だった忍性は流人・非人を鎌倉境界で押しとどめ、これを組織し、その労働力を使って大規模な建設事業を幕府から請け負って利益を上げていた。また港湾施設である飯島の維持管理、および関料徴収の特権も認められていた。さらに由比ヶ浜と材木座海岸一帯での殺生禁断の励行、取り締まり権も付与され、ときには港湾に運ばれる木材などを、その品不足に乗じて買い占めて暴利を得たようである。これらの利権は、すべて幕府から極楽寺に与えられていた。忍性は、連署・重時の帰依を得たことで、膨大な特権を享受していたという[53]。

このように当時の寺社は、時の政権に強く依存していたがゆえに、政権内の抗争から直接的な影響を受ける存在であった。別の例を挙げる。宮騒動と宝治合戦の際、時頼は、ほとんどの僧らが反時頼方に加担して祈祷・呪詛したことから、これらの僧を放逐し、唯一、味方した隆弁を鶴岡八幡宮別当・園城寺別当として重用した。当時の僧がいかに政治抗争のうちに存在し、政治的・経済的影響力の保持と増進をはかっていたかが分かる。

同様に、重時の帰依によって膨大な特権を受ける忍性を、名越家に近いとされる日蓮が激しく批判し、しかもその批判は極楽寺の利権にも向けられた[54]。得宗家と極楽寺家が日蓮を政治的な脅威とみたのは当然であろう。池上宗仲は父・康光から忍性の意向に添って勘当され、後には八幡宮の造営に際して職を外される。これも池上家が木材を扱う作事奉行として、極楽寺の強い影響下にあったからである。

密教破折の曼陀羅

日蓮の教説は、佐渡への流罪以前と流罪後では大きく異なる。日蓮自身も、その点を理解するよう門下に教授している。

立教開宗以来、日蓮の批判は念仏と禅に向けられてきた。日蓮は法華第一を説く最澄（伝教大師）の直系を自認しており、その宗派的立場は天台僧である。ところが佐渡以降、日蓮は本格的に密教（真言宗・天台宗）への批判を始める。当時、国事に関わる秘法・祈祷は密教の占有であり、蒙古襲来に備える異国調伏の秘法・祈祷が、朝廷や幕府の命を受けて盛んに行われたからである。法華経を第一とする日蓮にとって、大日経を第一として法華経を下す密教は邪教であったが、天台宗が密教を重用している以上、天台沙門を名乗る日蓮が密教批判を行うことは容易ではない[55]。日蓮は真言宗・天台宗との対決を周到に準備していた[56]。

日蓮は佐渡流罪によって、法華経勧持品で予言された法難を、経文通りに受けた仏法史上、唯一の法華経の行者であると自覚する[57]。これは「法華経に帰命した者」、「法華経を体現した者」すなわち南無「妙法蓮華経」であるとの自覚を意味する。南無妙法蓮華経と呼称できる存在は、日蓮を除いて他にはいないという覚悟である。日蓮はこの覚悟のもとに曼陀羅を図顕する。曼陀羅は、そもそも大日如来を根本とする世界観を図示したもので、密教の修法・秘法・祈祷には欠かせない。日蓮は、曼陀羅中央に本尊（中尊）として描かれた絵像の大日如来を、文字による南無妙法蓮華経に改め、「法華経の行者」を本尊とする世界観を図顕したのである。

法華経で説かれる虚空会に基づく日蓮の曼荼羅には、宝塔を中央に描いた密教の法華曼荼羅の影響が明らかだが[58]、日蓮がそれまでの伝統的な絵図を捨て、本尊を「南無妙法蓮華経」と文字で示したのは、見る者をしてさまざまに解釈が広がる絵図の持つ抽象性を嫌い、意味内容が明解となる文理のもつ厳密性を必要としたからであろう。徹して文理を重視した日蓮の学究性の反映といえる。

いずれにせよ日蓮の曼陀羅の図題は、大日経を第一とする密教への折伏そのものであった。かつて日蓮は、称名流布に対峙して唱題流布を進め、信仰の対象を阿弥陀仏から妙法蓮華経へ転換して法華信仰の再興を図った。そして今度は、曼陀羅の本尊を大日如来から南無妙法蓮華経に改め、密教に対峙して新たな法華信仰の確立を図ったといえる。この時点で南無妙法蓮華経の意味も、従来の「法華経に対する帰命の誓願」とともに、「本尊たる法華経の行者の表示」という両義性を有することになったのである。

日蓮の書簡中、法華経の行者への言及は、佐渡以降に集中する。そこでは法華経を経文通りに実践した如説修行の者とはいったい誰を指すか、という点を繰り返し問題にした。そしてそれは日蓮自身のことであると、ある時は婉曲に、ある時は直接的に表明している。「教主釈尊より大事なる行者[59]」との表現も見られ、まさに末法の仏の覚悟の表出といってよい。日蓮の曼荼羅は、大きさ・書かれた時期・配される諸尊は一様ではない。ただし中尊に配された本尊の南無妙法蓮華経だけは不動であり、やがて日蓮は自らの名を本尊の真下に自署し、花押を記す。公然と末法の仏の覚悟を記したのである。

さらに日蓮は曼荼羅の図顕によって、秘法・祈禱についても密教に対峙した。即身成仏に必要な三密（意密、口密、身密）のうち、法華経には口密と身密が欠けているという密教からの批判に対し、日蓮は、意密を「本尊」に、口密を「唱題」に、そして法華弘通の震源となる「戒壇」での授戒儀式[60]を身密に充てて三密とし、それらを密教の三密を超える「三大秘法」と位置づけた。密教からの批判を逆手にとって取り込み、日蓮は秘法・祈祷を唱題に集約する。密教による複雑な儀軌（儀式の規則）による特別な秘法・祈禱からの転換を図ったのである。[61]

政権の公認と身延入山

日朗と比企能本は、佐渡赦免後の日蓮を迎えようと比企が谷に妙本寺を創建していた。比企が谷は頼朝以来、将軍家ゆかりの地である。得宗家の創建ではなかったにせよ、この由緒ある地に、しかも比企氏の開基によって寺の造営が認められたことは、幕府が日蓮を公認したに等しい。後に日蓮は、安達泰盛の働きかけによって、時期からみて異国調伏と思われる祈祷の申し出を受けている。[62]幕府による調伏祈祷は社寺に対する所領の寄進と不可分の関係にあり、[63]日蓮に対しても当然、所領寄進の申し出があったと考えられる。[64]名越家に近しい存在として政治的には野党側に位置した教団が、泰盛の理解を得たことで与党側に軸足を移したといえる。

にもかかわらず日蓮が鎌倉からの辞去を選択したのは、なぜだったのか。鎌倉からの放逐は政治的には死を意味するもので、日蓮も弟子の日興も身延入山を「隠居」と記し[65]、日蓮自身は自覚的に「遁世」としての振る舞いを貫いた[66]。

二度の流罪によって新たな覚悟を得た日蓮は、すでに過去とは一線を画す宗教上の大転換を遂げており、この時点で日蓮が政権に求めるのは、先に見た日本第一の僧・国師としての処遇以外にありえない。特に、日蓮を国師とした祈祷であろう。しかし幕府は日蓮の諫言を容れず、密教僧による祈祷を命じ続けたが、一方で予言的中による日蓮教団の教勢拡大は、蒙古襲来に備えて挙国一致をはかる政権にとって大きな脅威であり、無視できるものではなかった。そうしたなか、政権が日蓮に祈祷を申し付けて特段の配慮を示したのは、日蓮に政治的譲歩を促し、妥協による政治決着をはかったからにちがいない。政権側にとってこれが最大の譲歩案だったと思われる。

ところが日蓮を密教僧と同列に扱う処遇は、宗教上、日蓮が許容できるものではなかった。この点で、政権との妥協の余地がない中、これ以上鎌倉に留まれば、新たな抗争を生むことは明らかであった。政権の中枢に日蓮を公認し、一定の評価を下す者がいる以上、その関係を維持しつつ、教説を曲げずに政治的な折り合いをつけるには、鎌倉からの辞去が最良の選択だったといえる。以降、日蓮は幕府への一切の諫暁を止め、再度の蒙古襲来については門弟が話題にすることさえ禁じた。(67)こうして政治との関係を断って安全を確保した日蓮は、次なる時機の到来を待っていたに違いない。

熱原法難と「日蓮一門」の強調

身延入山後の一二七九（弘安二）年、熱原地方で農民信徒への弾圧が発生した。日蓮は、門弟の暴走による不測の事態を恐れ、早期の解決を第一として訴訟指揮にあたる一方、門下には団結を説く。「日蓮一門」の強調である。

法華経信仰は、理論的には一人でも可能なはずである。文永年間には弾圧の激しさから、日蓮を離れて法華経を信仰しようとする者が現れた。しかしそうした者に対する日蓮の批判は「念仏者よりも久しく阿鼻地獄に入る」と激烈である。法華経信仰が日蓮の教説の根本ならば、日蓮から離れても信仰を貫くとする者を日蓮が非難する理由はない。ところが日蓮は、時にかなった修行でなければ法華経を信仰したことにはならないと述べ、現在における法華経の行者は日蓮以外にない主張とする。これは端的に日蓮を根本とせよということであり、日蓮とともに生きる以外に法華経信仰は成立しないことになる。日蓮における「一門」の強調は、単に門下の団結を意図したものではなく、信仰の根幹に関わる問題だった。日蓮を中尊に配した曼荼羅は、まさに「法華弘通の旗印」だったのである。

結局、熱原の農民信徒は斬首されるのだが、その際、日蓮門下に対して頼綱らは、法華経を捨て念仏を唱えろ、と迫った(68)。頼綱の狙いは日蓮教団からの離脱であって、宗教上の改宗ではない。にもかかわらず法華経信仰から念仏信仰への改宗を迫ったのは、農民にとって実践可能な仏道修行が称名か唱題に限られていたからであり、唱題による法華経信仰は、それを初めて知った下層の農民にとって日蓮への信仰に等しいものだったからである。ゆえに頼綱は称名と唱題の二者択一を迫った。唱題が、日蓮信仰と同化しつつ下層へと受容されていった証左とみてよかろう。

さらに日蓮による曼陀羅の授与は、密教僧の占有から祈祷を解放し、一般化したといえる。ただし、日蓮が祈祷について示した見解は極めて少なく、あくまでも法華経の通りに修行することの功徳と「法華経の行者」の祈りを強調した(69)。日蓮は、自身を根本とする法華経修行を説き、日蓮に連なる一門の拡大をもって末法の理想を描いている。そこに複雑な儀軌による特別な祈祷の入り込む余地はなく、祈りにも日蓮との同心を説いた(70)。この点、熱原の農民信徒が最後まで題目を唱え、日蓮一門として弾圧に耐えたことは、日蓮が目指す法華信仰が下層の農民にまで到達したことを示す画期といえる。日蓮はこのことをもって「出世の本懐」を遂げたと宣言する。(71)

おわりに

日蓮の思想は、執権政治を諌めた「立正安国論」に代表される。「正（法）を立て国を安んじる」という主著のタイトルからも明らかなように、日蓮の関心は政治にある。日蓮は仏典とともに唐代の政治指南書である「貞観政要」を携帯し、為政の考察に余念がなかった。

日蓮は、「善悪に付て国は必ず王に随ふものなるべし。世間此くの如し仏法も又然なり。仏陀すでに仏法を王法に付し給ふ。しかればたとひ聖人・賢人なる智者なれども、王にしたがはざれば仏法流布せず(72)」と述べる。日蓮にとって、政権の帰服こそが何よりも優先されるものだった。ゆえに日蓮は幕政に直接、働き掛ける存在であったし、政権側もそれに反応した。

では、日蓮と政権との距離を決定づけた政治的な要因は何であったのか。前期においては、教団が反得宗の旗頭であった名越家と近しかったことが指摘できるし、後期においては、御家人の代表である安達泰盛と日蓮の接近が挙げられる。これについては「日蓮教団の政治的立場」で考察した。さらに佐渡配流を契機とする覚悟で飛躍的な変貌を遂げた日蓮は、自身を根本とする仏教界の再編を目指した。そして、日蓮自身を唯一の「法華経の行者」と規定して中尊に据えた曼荼羅を図現する。後期の日蓮は、それまでの天台僧の立場を捨てて密教との本格的な対決に向かい、政権に自身への帰服を求めた。「日蓮仏法の政治性」では、この教説の展開経過と政治との関係を考察した。

本論によって、日蓮とその教団がいかに幕政との直接の応答の中で、当時を生きたか、新たな日蓮像を提供できたものと思う。

(表4)

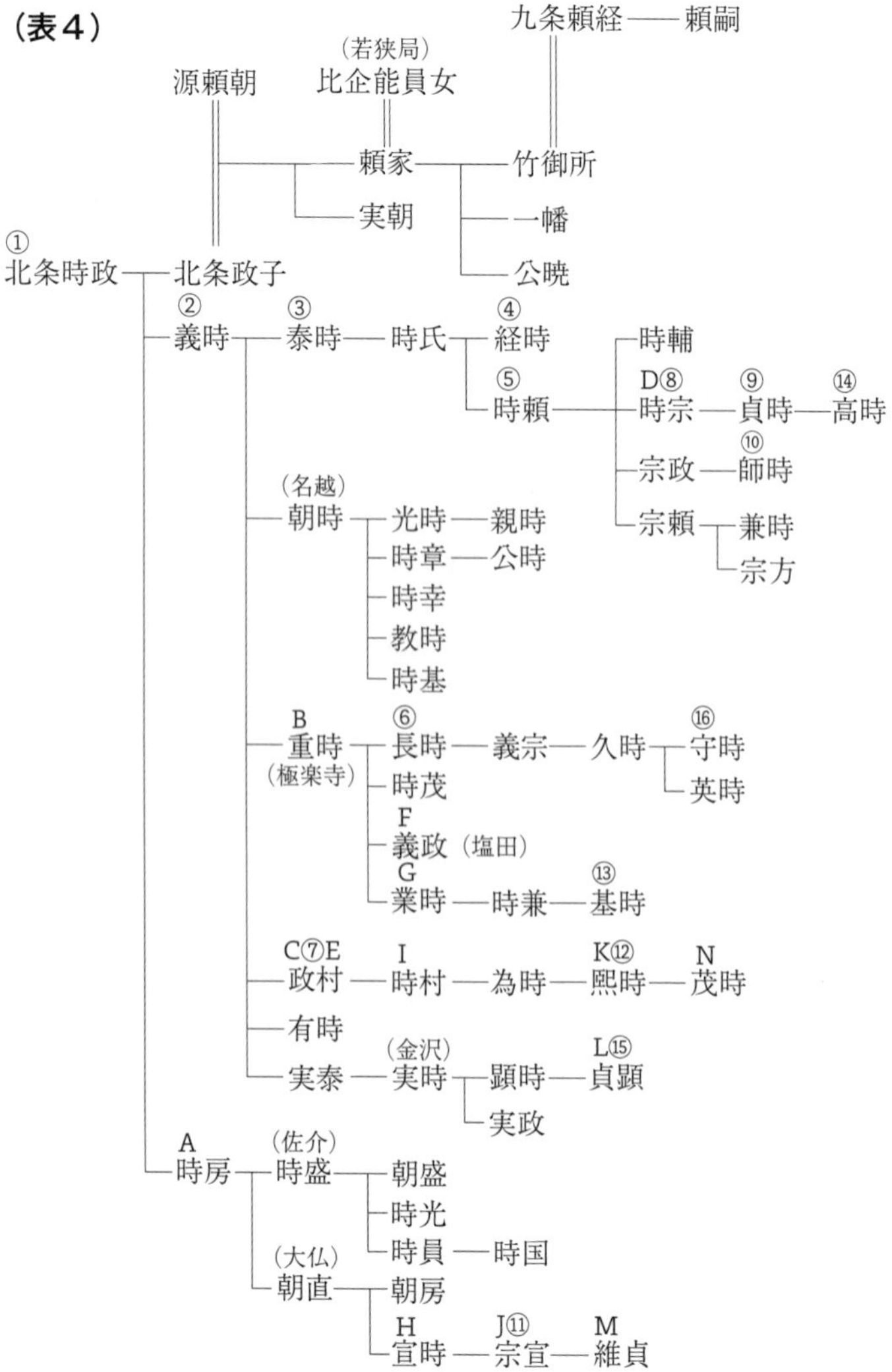

①②③…は執権、ABC…は連署をさす

注

（1）河合正治氏は、「当時（鎌倉中期、筆者注）、武家社会の中堅である地頭御家人たちはまだ文盲のものもあり、古典的教養を身につけるまでには至っていなかった」と指摘された（『中世武家社会の研究』吉川弘文館、一九七三、九〇頁）。

（2）高木豊「安房に帰った日蓮」（『金沢文庫研究』一七六、一九七〇）。

（3）『玉沢手鑑草稿』（『日蓮宗学全書　第一九巻』山喜房仏書林、二六二頁以下）、『御書略註』（『日蓮宗学全書　第一八巻』一七〇頁以下）。

（4）高木豊『日蓮とその門弟』（弘文堂、一九六五）一九八頁。

（5）前掲『日蓮とその門弟』一四三、一四九頁。

（6）日興「日蓮遷化記」（『鎌倉遺文』一四七二二）。巻末「史料1」参照。

（7）「大豆御書」『昭和定本　日蓮聖人遺文』（立正大学編、一九五二、以下「定本」）一八〇九頁参照。御所への返書と伝わり「大豆一石かしこまって拝領し了ヌ」と強い謙譲に始まる。大豆一石という供養も他の門下とは桁違いであり、結語も「恐惶謹言」としている。

（8）「種種御振舞御書」定本九七八頁。

（9）「曾谷殿御返事」定本一六六四頁。宮崎英修氏は、天沼俊一『日本建築史』、田沢担・大岡

実『図説日本美術史』から当時の建築物は一間が一〇尺前後であったことをもとに、一二七四（文永十一）年に建設された一二の柱をもつ三間四面の身延の草庵が三〇坪、六〇畳の広さがあったと指摘された（『日蓮とその弟子』平楽寺書店、一九九七、一二九頁）。これに従えば、一二八一（弘安四）年に完成した一〇間四面の大坊は二七三坪、五四六畳となる。日蓮はこの大坊の価値を鎌倉であれば一〇〇〇貫となると述べる（「地引御書」定本一八九五頁）。一貫文は、当時、米約一石であった。

(10) 日興「日蓮遺物配分状」（『鎌倉遺文』一四七二三）。巻末「史料2」参照。

(11) 「聖人御難事」定本一六七二頁、「新尼御前御返事」定本八六八頁、「弥源太殿御返事」定本八〇七頁、「諌暁八幡抄」定本一八四八頁。

(12) 『御本尊集目録』（立正安国会、一九五二）五八頁。中尾堯『日蓮真蹟文と寺院文書』（吉川弘文館、二〇〇二）五〇頁。

(13) 高木豊氏は、当時は超絶した親権があったから、親・家長の信仰がそのまま家族内に受け入れられることは、むしろ当然であり、血縁関係を通じて、その信仰はいっそうひろく伝播したと指摘されている［前掲注（4）『日蓮とその門弟』一二三頁］。

(14) 川添昭二氏は、宝治合戦以後の政情は時宗の解決すべき課題となっており、二月騒動で決着すると指摘された（『北条時宗』吉川弘文館、二〇〇一、一六頁）。
(15) 奥富敬之『鎌倉北条一族』（新人物往来社、一九八三）一二〇頁、細川重男『鎌倉政権得宗専制論』（吉川弘文館、二〇〇〇）三一頁参照。
(16) 川添昭二「日蓮の宗教の成立及び性格」（『史淵』六六、一九五六・一）六六頁。
(17) 佐藤弘夫『日蓮』（ミネルヴァ書房、二〇〇三）七頁。
(18)「清澄寺大衆中」定本一一三五頁。
(19)「四條金吾殿御返事」定本一三六三頁。
(20) 中尾堯『日蓮宗の成立と展開』（吉川弘文館、一九七三）一二、一一三頁。
(21) 中尾堯『日蓮』（吉川弘文館、二〇〇一）九四頁。
(22)「善無畏三蔵鈔」定本四七六頁、「中興入道御消息」定本一七一五頁。
(23)「種種御振舞御書」定本九五九頁。
(24)「種種御振舞御書」定本九六二頁。
(25)「するがの國は守殿の御領、ことにふじ（富士）なんどは後家尼ごぜんの内の人々多し。故最明寺殿・極楽寺殿の御かたきといきどをらせ給ふ」（「高橋入道殿御返事」定本一〇八九頁）。

(26)「報恩抄」定本一二三八頁。
(27)「下山御消息」定本一三三二頁。
(28)「種種御振舞御書」定本九六八頁。
(29)「種種御振舞御書」定本九七三頁。
(30)「四條金吾殿御返事」定本一三六三頁、「真言諸宗違目」定本六三八頁。
(31)「光日房御書」定本一一五四頁、「兄弟抄」定本九二五頁。
(32)「新尼御前御返事」定本八六六、八六九頁。
(33)石井進『鎌倉びとの声を聞く』(NHK出版、二〇〇〇)一五〇頁。
(34)清田義英「『比企氏の乱』後の比企氏」(『金沢文庫研究』二二七、一九七四)。
(35)前掲注(17)『日蓮』二〇一頁。
(36)日蓮によれば、宣時は念仏者らの讒言に従って「上へ申すまでもあるまじ」と「私の下知を下す」(「種種御振舞御書」定本九七八頁)といい、「そらみげうそ(虚御教書)」(「窪尼御前御返事」定本一五〇三頁)と批判した。細川重男氏は、霜月騒動後の頼綱専制下において得宗家の重要政務の多くが得宗の花押を有さない執事書状によって行われるようになると指摘された[前掲注(15)『鎌倉政権得宗専制論』一六三頁]。日蓮のいう「私の下知」も執事書状と同様のものとみてよいのではないか。
(37) 前掲注(15)『鎌倉政権得宗専制論』三六頁。
(38)「種種御振舞御書」定本九七三〜四頁。
(39) 本郷和人『新・中世王権論』(新人物往来社、二〇〇四)一八五頁。日蓮の次の記述から、佐渡は武蔵守の知行だったと分かる。「佐渡の嶋を知行する武蔵の前司預りて、其の内の者どもの沙汰として彼の嶋に生き付いてありし」(「一谷入道御書」定本九八九頁)。
(40)「頼基陳状」定本一三五八頁。
(41)「大学三郎御書」定本一六一九頁。
(42)「真言諸宗違目」定本六三八頁。
(43) 細川重男氏は、父・盛時の逝去を受けて頼綱が一二七五(文永末)年には惣領として家督を継承したとされる[前掲注(15)『鎌倉政権得宗専制論』一六二頁]。網野善彦氏は、一二七六(建治二)年から翌年にかかる幕府要人の相次ぐ遁世は、安達泰盛と平頼綱の危機的な対立を背景にしたものと推測されている[『蒙古襲来(上)』小学館ライブラリー、一九九二、二五二頁]。
(44)「窪尼御前御返事」定本一五〇三頁。

(45) 平雅行氏は、諸行往生を認めない法然による専修念仏の狙いは、堕地獄の恐怖を説く顕密寺院による呪縛と奉仕から、民衆を解放することにあったと述べ、これが平安浄土教と法然の違いであり、諸行往生を説く鎮西派と法然の質的な違いであり、中世における正統と異端宗教との違いであった、と指摘された(「浄土教研究の課題」『日本中世の社会と仏教』塙書房、一九九二、五一〜五頁)。そしてこの思想が荘園制的支配秩序の根幹を揺るがすものであったがゆえに、専修念仏に対し中世国家が、あれほどまでに苛酷な弾圧を加えなければならなかった必然性があった、とされた(「専修念仏の歴史的意義」同前、二五一頁)。

(46) 前掲注(16)「日蓮の宗教の成立及び性格」、前掲注(20)『日蓮宗の成立と展開』五〇頁。

(47) 菊地大樹氏は、源頼朝の法華経信仰を起点とした御家人の法華経受容を指摘された(『中世仏教の原形と展開』吉川弘文館、二〇〇七、一六一〜六頁)。

(48) 家永三郎「日蓮の宗教の成立に関する思想史的考察」(『家永三郎集第二巻 仏教思想史論』、一九四七、二五〇〜四頁)。石井教道氏が指摘されたように、「南無釈迦牟尼仏」と口唱する釈迦念仏大会を始めた貞慶は、念仏停止を朝廷に求めた「興福寺奏状」の起草者であり、釈迦念仏は専修念仏に対抗して唱導されたものと考えられる。また貞慶の「唐招提寺釈迦念仏願文」には、娑婆世界の本師たる釈尊を捨てて、なぜ遠き阿弥陀仏の浄土を求めるか、との浄土宗批判がある（「鎌倉時代に興れる各種念仏義」『仏教大学研究紀要』三八、仏教大学学会編、一九六〇・一一、一二頁）。この論理は後の日蓮の浄土宗批判にも見られ、日蓮による唱題には、先行する貞慶の釈迦念仏の影響も考慮されていい。一二五八（正嘉二）年四月の釈迦念仏勧進にも過去に日蓮が参加した記録が残る（「釈迦念仏結縁交名」『鎌倉遺文』〇八二二四）。

(49)「撰時抄」定本一〇四八頁。

(50)高木豊「日蓮」（『日本人の行動と思想4』評論社、一九七三、六四頁）。

(51)竹内理三編「土地制度史1」（『体系日本史叢書』山川出版、一九七三、二三一～五頁）。

(52)「種種御振舞御書」定本九七七頁。

(53)石井進「都市鎌倉における『地獄』の風景」（『御家人制の研究』御家人制研究会編、吉川弘文館、一九八一、九〇～四頁）。

(54)「聖愚問答抄」定本三五三～四頁。

(55)日蓮は伝教の弟子の呼称である「根本大師門人日蓮」（「法華題目鈔」定本三九一頁）や「本朝沙門」（「教機時国鈔」定本二四一頁、「顕謗法鈔」定本二四七頁）を名乗っており、一二六九（文永六）年にも「仏法の滅不滅は叡山にあるべし。叡山の仏法滅せるかのゆえに異國我朝をほろぼさんとす」（「法門可被申様之事」定本四五三頁）と述べている。

(56)一二七〇(文永七)年に「建長五年より今年・文永七年に至るまで十七年が間・是を責めたるに日本国の念仏・大体留り了ぬ(中略)真言等の諸宗の誤りをだに留ん事、手ににぎりておぼゆる也」(「善無畏三蔵鈔」定本四六五頁)と述べ、翌一二七一(文永八)年の佐渡配流直後の「早勝問答」では浄土・禅に対しては二章二四問であるのに対して天台・真言に三章三三問を設けている(定本二〇六一~八頁)。一二七二(文永九)年二月の「開目抄」では「日蓮は日本国の諸人にしうし父母なり。一切天台宗の人は彼等が大怨敵なり」(定本六〇八頁)と天台・真言の超克を宣言。さらに身延入山後の一二七四(文永十一)年十月、蒙古襲来が現実のものとなるや「仏法の邪見と申すは真言宗と法華宗の違目なり。禅宗と念仏宗とを責め候しは此事を申し顕さんためなり」(「曾谷入道殿御書」定本八三八頁)と述べ、翌年三月には曽谷教信と太田乗明に対して教典や注釈書の収集を切迫した表現で依頼し(「曽谷入道殿許御書」定本九一〇~二頁)、さらに翌一二七六(建治二)年にも真言に関する論釈を借用したい旨、清澄寺に申し出ている(「清澄寺大衆中」定本一一三二頁)。「真言師等にも召し合せ給はずらむ」(「三沢抄」定本一四四七頁)とあることから、こうした準備は幕府が主宰する天台・真言との法論を予期して進められたものと考えられる。

(57)「法華経の第五の巻勧持品の二十行の偈は、日蓮だにも此國に生れずは、ほとをど(殆)

世尊は大妄語の人」、「數々見擯出等云々、日蓮法華経のゆへに度々ながされずば數々の二字いかんがせん。此の二字は天台傳教いまだよみ給はず。況や余人をや。末法の始のしるし、恐怖悪世中の金言のあふゆへに、但日蓮一人これをよめり」(「開目抄」定本五五九、五六〇頁)とあり、日蓮は二度の流罪を法華経身読の根拠に挙げ、日蓮によって初めて法華経が真実であると証明されたとまで述べる。

(58) ルチア・ドルチェ「法華経と密教」(『シリーズ日蓮　第一巻』春秋社、二〇一四、二八二〜四頁)。

(59)「下山御消息」定本一三四三頁。

(60) 日蓮は施設としての戒壇を含む、授戒儀式全般を「戒法」と称し、延暦寺のそれと比較対照している(「三大秘法稟承事」定本一八六四〜五頁)。日蓮が遺した最大の曼荼羅は縦二四四cm、横一二五cmに及び、表装すれば優に三メートルを超える巨大なものだった(『御本尊集目録』立正安国会、一九七四、第五七)。ほかに最長老の日昭に、唯一、伝え残すよう書き留めた大曼荼羅(一九八×一〇九cm)がある(同前、第一〇一)。密教同様に巨大な曼荼羅を掲げた戒壇において、唱題のなかで授戒し、特別な儀式が行われたものと考えられる。

(61) 浅井円道氏は、真言僧・覚禅(一一四三‐一二一三?)の『覚禅鈔』において密教の法華法三密修行に触れた箇所に、法華曼荼羅に向かって南無妙法蓮華経と唱えた例があるとされた上で、さらに「法華観智儀軌」による法華修法が専門家による複雑多岐な儀式であったことを示し、これを題目の一句に帰納した日蓮の宗教の庶民性を評価された（「本尊論の展開」『中世法華仏教の展開』影山堯雄編　平楽寺書店、一九七四、二五八～六一頁）。

(62)「大学三郎殿御書」定本一六一九頁。

(63)前掲注(14)『北条時宗』一五三頁。

(64)日道著「三師御伝土代」には日興の言葉として、日蓮が時宗から坊の寄進の申し出を受けたと記す（『富士宗学要集　第五巻宗史部』堀日亨編　創価学会、一九七八、八頁）。

(65)前掲注(6)「日蓮遷化記」一二七四（文永十一）年五月十六日の条。

(66)「下山御消息」定本一三一二頁、「報恩抄」定本一二四〇頁。「人目には遁世のやうに見えて候へば、なにとなく此の山を出でず候」（「報恩抄送文」定本一二五〇頁）。

(67)「小蒙古御書」定本一八七一頁。この時点で日蓮は「小蒙古」、「大日本國」と対比する。法華経の行者・南無妙法蓮華経の覚悟は、その日蓮が在地するという一点で国土への評価も一変させたものと考えられる。「此の大菩薩（八幡大菩薩　著者注）は宝殿をやきて天にのぼり給うとも、法華経の行者日本国に有るならば其の所に栖み給うべし」（「諫暁八幡抄」定本一八四九頁)。一方、蒙古追討についての反論には苦慮している(「富城入道殿御返事」定本一八八八頁)。

(68)「滝泉寺申状」定本一六八一頁。

(69)「祈禱鈔」定本六七九頁。

(70)「四條金吾殿御返事」定本一三〇三頁、「生死一大事血脈鈔」定本五二三頁。

(71)「聖人御難事」定本一六七二頁。

(72)「四條金吾殿御返事」定本六六一頁。

Ⅳ　日蓮仏法論

内村鑑三が選んだ日蓮

内村鑑三（一八六一－一九三〇）は、日本の文化・思想を西欧に向けて紹介するために、五人の日本人を選び、その生涯を英語で描きました。これが日露戦争の年に発刊された『代表的日本人』です。内村は、その一人に日蓮を選びました。

いうまでもなく日蓮は、鎌倉幕府に睨まれて二度までも流罪にあった異僧です。ほかの四人が西郷隆盛・上杉鷹山・二宮尊徳・中江藤樹という、いずれも江戸から幕末に掛けて主に政治・経済・教育で活躍した人物であることを考えると、内村が日蓮を選んだのは特異にみえます。

内村は、なぜ日蓮を選んだのでしょうか。その理由について、『代表的日本人』のなかで、こう述べています。

「日蓮から十三世紀という時代の衣裳と、批判的知識の欠如と、内面に宿る異常気味な心

（偉人に皆ありがちな）とを除去してみましょう。そのとき、私どもの眼前には、まことにすばらしい人物、世界の偉人に伍して最大級の人物がいるのがわかります。私ども日本人のなかで、日蓮ほどの独立人を考えることはできません。実に日蓮が、その創造性と独立心とによって、仏教を日本の宗教にしたのであります[1]」

内村は、日蓮の「創造性と独立心」に、世界の偉人と並ぶ最大級の評価を贈ったのです。では日蓮の「創造性と独立心」は、当時、どのように発揮されたのでしょう。内村は、この点について、端的に次のように述べます。

「他の宗派が、いずれも起源をインド、中国、朝鮮の人にもつのに対して、日蓮宗のみ、純粋に日本人に有するのであります[2]」

日蓮が広めた信仰は、日蓮独自のものであって、過去にインド、中国、朝鮮で広まったものとは違う新たな創造があった、というのです。

私たちが日蓮と聞いて、真っ先に思い浮かぶのは、「南無妙法蓮華経」の題目と、これを中央に大書した曼荼羅ではないでしょうか。実は、この題目と曼荼羅こそ日蓮の独創であり、過去になかったものであると信じられてきました。そこで次に「南無妙法蓮華経」の題目と曼荼羅が、どのようにして生まれてきたのか、その謎に迫りたいと思います。

南無妙法蓮華経って何？

南無妙法蓮華経と世界で初めて祈ったのは日蓮である、と思っている人も多いと思います。確かに、南無妙法蓮華経を南無阿弥陀仏のように声に出して唱える――唱題《しょうだい》といいますが――これを広く世に広めたのは日蓮です。しかし、南無妙法蓮華経という祈りが、それ以前にまったくなかったのか、というと決してそうではありません。

もともと「南無」はサンスクリット語の「ナモ」から生まれた言葉で、体を折り曲げて敬意を表すことを指しています。「ナマステ」というインドの挨拶も同源で、漢訳では「帰命」とか「帰礼」とされる言葉です。尊敬する対象、例えば阿弥陀仏とか、仏法僧の三宝などに対して、南無を冠して「南無阿弥陀仏」、「南無三宝（南無三）」と敬意を表し、祈る行為は、ごく自然に行われていました。同じように法華経の正式なタイトルである妙法蓮華経に南無を冠して、南無妙法蓮華経と法華経に敬意を表し、祈る行為も、日蓮が活躍する以前からあったものです(3)。その点は日蓮自身も再三、言及しています(4)。

問題は、南無妙法蓮華経を、南無阿弥陀仏のように声に出して唱えることを、なぜ日蓮は広めようとしたのか、ということです。日蓮は、唱題によって、何をしようとしたのでしょう。この点は、日蓮の独創性を考えるに当たって、避けては通れない問題ですので、しばらくお付き合い下さい。

そもそも法華経は諸経の王、諸経中第一と呼ばれ、聖徳太子のころから大事にされた特別な経典です。源頼朝も熱心な法華経信者として有名でした。ところが、本来の法華経信仰は、特別な教養と財力がある貴族にしか許されないものだったのです。

法華経では、その修行を、経典の受持・読・誦・解説・書写に求めています[5]。法華経の入手と所持、読経、暗唱、解説、書写することが、法華経の修行であり、法華経信仰だったのです。当時、圧倒的多数を占めていた下層民（農民・下人）は、生まれた土地で農作業などに汗水流して生涯を終えていきます。文字も読めません。こうした人々に、法華経信仰は無縁なものでした。では、鎌倉時代の主役である東国武家は、どうしていたのでしょう。

東国武家に人気がなかった法華経

平安末に急速に力をつけ、歴史の舞台に踊り出た東国武士でしたが、鎌倉時代に入っても漢文を読むことは難しかったようです[6]。多くの御家人は、漢文の読み書きができる貴族を文官として抱え、政務・法務にあたらせていました。

この時代、専門家が書写したり、版木で刷って華麗に表装された経典を、莫大な費用を払って入手するだけでも大変なことだったでしょう。しかも、漢文の経文を読み、暗唱し、解説し、書写することを法華経は修行として説いています。漢文に慣れ、教養と財力に富んだ貴族には、当たり前だった法華経信仰ですが、東国の土着の武家にすんなりと受け入れられるものではなかったのです。源頼朝が、毎日、法華経を読誦していたのも、貴族だったからです。(7)

一方、法然房源空は、南無阿弥陀仏と唱えるだけで誰でも極楽往生できると説きました。この南無阿弥陀仏と唱えることを称名念仏と言いますが、法然は称名念仏だけが、唯一、極楽往生する道だ、と言いました。しかも、称名念仏だけに専念しなければならない。それ以外の信仰は、往生の妨げになるから捨てなければいけないと、称名念仏への専修（一つの修行だけに専念すること）を説いて浄土宗を興したのです。これには、仏教界のすべての宗派が猛反発しました。自分たちの教えが全否定されたのだから当然でしょう。後に幕府も念仏の禁止を命じました。(8)

しかし、法然の浄土宗は、この激しい反発と禁制を乗り越えて、大変な勢いで広まっていきます。やむなく朝廷は、法然を流罪にして、浄土宗の波及を押さえようとしました。法然が浄土宗を興したのは一一九八（建久九）年で、讃岐に流されたのは九年後の一二〇七（建永二）年です。この九年間は、鎌倉では一一九九（建久十）年に頼朝が没し、その後、北条氏が着々と権力を掌握して北条義時が一二〇五（元久二）年に執権となった時期と重なります。

法然が流罪されても、浄土宗の勢いは止まりません。鎌倉においても道教房念空[9]らの布教によって、称名念仏は武家社会に急速に広まっていきました。朝廷や幕府の禁止令を超えて、なぜ、称名念仏は広まっていったのでしょう。

称名念仏に沸き返る鎌倉

朝廷や幕府の禁止令を超えて、なぜ、称名念仏は武家社会に広まっていったのか。理由は主に三つあると思います。一つは、浄土宗が穏健になったことです。

念仏だけが唯一の往生の道であるとした過激な専修念仏が、度重なる弾圧で勢いを失い、代わって他宗の教えも尊重して、さまざまな修行も認める穏便な教えが浄土宗の主流となりました[10]。これで、仏教界との争いはなくなり、称名念仏は、他宗の僧も唱える修行の一つとして広まっていきました(11)。

もう一つは、武士の残虐な立場と関係しています。戦闘と殺人を勤めとする武士は、自身の死後の恐怖とも戦っていました。ところが、それまでの仏教は、莫大な財力と高い教養を前提として、天皇家や貴族の要望に応えるものだったので、漢文の読み書きさえおぼつかない東国の武家には、とても敷居の高いものでした。この状況を一変したのが念仏信仰です。

死んで地獄に堕ちる――この切実な恐怖を念仏が救ってくれるのです。特別な教養も、財力も必要なく、南無阿弥陀仏と声に出して称えるだけで、極楽往生を保証してくれるという有り難い教えに、武家がこぞって傾倒していったのは、とても自然なことでした。そして武家が信仰した念仏は、領内の農民・下人などの下層にまで広範に受け入れられていったに違いありません。庶民の眼前に、初めて自ら信仰できる仏教が現れたのです。東国における急速な念仏信仰の広まりは、このように武家社会の発展と軌を一にするものでした。

三つ目は、時代と社会に対する不安です。平安時代の末から、仏教では「末法」と呼ばれる時代に突入します。末法は、釈迦の教えが失われて世の中が乱れるとされた時代です。

社会が荒廃することを「世も末」などと言いますが、これも「末法」から派生した言葉です。実際、この時代には天候不順や地震などの天災、飢饉・疫病の流行も頻繁にありました。

餓死・病死は逃れがたく、鎌倉には放置された死体が溢れていました。[12]死体が腐乱して白骨になっていく地獄の世界は目の前に広がり、人々が末法の到来を肌で感じる時代でした。ここにも、念仏信仰が人々の救いとなって広まっていく要因があったのです。

唱題で、法華経の再興を目指す

燎原の火のように、またたく間に広がっていく称名念仏の勢いに対して、かつて浄土宗を批判していた仏教界は、こぞって念仏との共存を選択し、極楽往生を願う人々の要求に応えていきました。念仏は、もともと仏教界では一般的な修行でしたから、専修でさえなければ、抵抗はなかったのです。[13]

称名念仏の圧倒的な流行の中で、つい先日まで諸経の王と崇められてきた法華経信仰から、人々の関心は離れていきます。[14]それは、幕府を担う為政者も同様でした。かつては源頼朝でさえ大事にしていた法華経に代わり、念仏が重用されたのは時代の流れであり、仕方のないことでした。そして、この状況を変えようとしたのが、日蓮だったのです。

日蓮は、天変や飢饉による世の不幸は、為政者が法華経に代わって念仏を信仰していることが原因だ、と考えました[15]。日蓮は、中国の智顗《ちぎ》（天台大師、五三八－九七）、日本の最澄（伝教大師、七六七－八二二）の流れをくむ正統派の僧として、法華経信仰の再興を目指したのです。日蓮の目には、念仏の広まりが、法華経信仰を否定する邪教からの挑戦と映っていました[16]。

では、念仏信仰の広がりを抑えて、再び幕府の為政者に法華経を信仰させるには、どうしたらいいか。念仏が南無阿弥陀仏と唱える称名念仏という方法によって、広範な信仰を獲得している以上、それに対抗する口唱の方法を法華経信仰が確立し、広めなければならないと日蓮は考えました。今では日蓮の代名詞となっている南無妙法蓮華経の唱題（妙法蓮華経という法華経の題目・タイトルを唱えること）は、こうして誕生します[17]。

天台大師は、法華経のタイトルである妙法蓮華経の五文字に、法華経と諸経の一切が収まり、集約されていると論じ、この解釈は仏教界で広く受け入れられていました[18]。日蓮は、この解釈を踏まえ、法華経への信仰をタイトルである五文字の帰命に集約したのです[19]。

唱題の確立によって、当時の東国に、武家から下層の庶民に至るまで信仰できる仏教として、再び法華経が立ち現れました。日蓮は、南無妙法蓮華経の唱題を流布することによって、真正面から称名念仏の流布と対峙し、念仏信仰の波及を押し返そうとしたのです。日蓮が当初、強く意識したのは、称名念仏との勝負であり、それを広める念仏僧との闘争だったといえるでしょう。[20]

なぜ、法華経を最上としたのか

そもそも日蓮は、なぜ法華経を絶対視するのでしょう。

仏教経典は、八万法蔵と呼ばれるほど、膨大な量におよびます。中国では、インドから伝わったこれらの経典を分析・比較し、それぞれの経典の目的を明らかにして、すべての経典の序列を体系化しようと試みます。中国の天台大師は、それまでの研究成果を踏まえ、法華経を唯一最上の教えとして仏教全体を体系化しました。[21]その後、この解釈は広く受け入れられ、日本でも伝教大師によって引き継がれていきます。

日蓮は、この天台と伝教の正統な継承者を自任しているのですが、ではいったい他の教え・経典と比べて法華経の何が勝れているのでしょう。日蓮は法華経の卓越性を二点、挙げています。[22]

一点は、法華経だけが万人の成仏を説いたこと、もう一点は、法華経だけが、仏は久遠の昔からこの娑婆世界において万人の成仏を説き続けてきたと明かしたこと、です。少し噛み砕きましょう。

法華経以外の経典では、女性や小乗など、成仏できないと決定された人々がいました。(23) 法華経は教理上からも、その差別を打ち破り、万人を平等に成仏できるとしました〈本当は、人間のみならず、万物の成仏、万物の平等を説いたのですが……。難解になるのでここでは踏み込みません〉(24)。さらに法華経を説く仏は、娑婆世界に繰り返し現れ、永遠に万人成仏を説き続ける存在であると明かします。(25) これによってインドの釈迦も、法華経を説く仏の一人に過ぎないと相対化したのです。なので、この説法をした仏を、釈迦と区別して「法華経の教主釈尊」と呼びます。

では、阿弥陀仏はどうでしょう。日蓮は、阿弥陀仏は娑婆世界の仏ではない、と批判します。娑婆世界の我々を仏にしようとした師匠の教主釈尊を捨てて、異世界の仏を信仰するのは不知恩であり、法華経では地獄に堕ちると説かれていると日蓮は痛烈に批判したのです。しかも、娑婆世界を離れ、異世界の仏を渇仰するから、浄土教の教主たちは自殺するのだ、と過去の記録をもとに弾劾しました。(26) 日蓮の他宗批判は、法華経との比較、信仰する仏の比較、さらに過去の論文や文献に基づく論理的なものでした。

唱題を武器に、念仏へ殴り込む

日蓮が唱え広めた南無妙法蓮華経は、南無阿弥陀仏の称名念仏の流布に対抗して、法華経信仰を再興するために打ち出された新たな法華経信仰の方法でした。この点について、日蓮はどう述べているでしょうか。

まず、過去に法華経を広めた南岳大師(慧思、五一五―七七)・天台大師・伝教大師も南無妙法蓮華経と唱えていない、という批判に対して日蓮は、こう反論します。

「これらの大師等も南無妙法蓮華経と唱えることを自行真実の内証とお考えになっていた。南岳大師の法華懺法にいわく『南無妙法蓮華経』、(中略)伝教大師の最後臨終の十生願の記にいわく『南無妙法蓮華経』云々[27]」

では、なぜ天台・伝教は、唱題を広めようとしなかったのか。これについて日蓮は、時が来ていなかったからだ、と述べた後で、こう論じます。

「権経の題目(念仏)が流布すれば、実経(法華経)の題目もまた流布すべし[28]」

権経とは、法華経と比較して、仮に手立てとして説いた阿弥陀経などの経典を指します。

日蓮は、称名念仏の流布こそが唱題の流布を準備したのであり、念仏の次に唱題が流布するのは必然だったというのです。さらに、唱題を広める日蓮自身の独自性を、端的にこう述べました。

「いまだ阿弥陀の名号を唱えるがごとく南無妙法蓮華経と勧める人もなく、唱える人もなし(29)」

「法華経を読む人は有りしかども南無妙法蓮華経と唱うる人は日本国に一人もなし。日蓮はじめて建長五年夏の始より二十余年が間・唯一人・当時の人の念仏を申すように唱う(30)」

日蓮こそ、史上唯一の唱題の提唱者であるという、誇りと自信に溢れています。唱題の流布は歴史的必然なのだと確信し、それを成し遂げた僧こそ私である、と日蓮は高らかに宣言しているのです。この誇りと自信から、日蓮は、先行する念仏信仰を激烈な言葉で責め立て、法華経への改宗を迫っていきました。

いわく「念仏無間」。これは「念仏を唱えれば必ず無間地獄に堕ちる」という意味です。そして浄土教の教主たちが、いかに断末魔の苦しみの中で世を去っていったか、その恐ろしい死に様を語り聞かせていきました(31)。念仏を唱えれば、極楽往生できると信じる人々に、この日蓮の説法はどれほどの衝撃を与えたことでしょう。ここまで過激な悪口は過去に聞いたことがない、と思えるほど、日蓮の念仏に対する批判は激しいものでした。

題目は、究極の秘法では？

ここでは、数多く問い合わせを頂戴した中から、代表的なご質問について、お答えします。

質問　「南無妙法蓮華経の七文字こそが、釈迦の法華経（妙法蓮華経）を超える優れた大法で、釈迦自身が修行した究極の秘法ではありませんか」

結論から申し上げると、日蓮没後、日蓮の法華経信仰を最上のものとするために、そのように解釈・説明した人がいた、ということで、決して日蓮が直接、そう述べたわけではありません。(32)

密教では、仏から伝授された秘密の法がある、とされています。密教の素養がある門下に対して、日蓮は、その前提を利用して自身の法門を解説しています。門下の素養に合わせて法を説き分けるのは、仏の知恵の象徴で、方便とも言いますが、そのようにして提示

された日蓮の密教的解釈を、後世の人が敷衍したものでしょう。(33)

日蓮は、妙法蓮華経という法華経の正式なタイトルである五文字と、それに南無を冠した七文字について、その決定的な違いを論じたことはありません。「法華経の題目を南無妙法蓮華経と唱え給ふべし(34)」と述べるように、阿弥陀仏と南無阿弥陀仏の違いと同じような使い分けをしています。

教義上の重要な論考の結論においても、「妙法蓮華経の五字を以《もっ》て幼稚に服せしむ」、「五字の内にこの珠《たま》を裹《つつ》み末代幼稚の頸に懸けさしめたまふ(35)」としているほどです。日蓮が三大秘法という場合も、「本門の本尊と戒壇と題目の五字となり(36)」としていて、南無妙法蓮華経の七文字を特別視はしていません。まず、そのことを確認しておきたいと思います。

法華経というのは、万人が成仏できることを教理的な裏付けと、さまざまな証明をもって説いた唯一の経典です。それ以外の経では女性は成仏できない、とさえ説いていました。ですから仏教は法華経まで、とても差別的な教えでした。法華経で、はじめて実質的に万人を平等に尊ぶ思想が説かれるのです。

ところが、この法華経は、実は釈迦以前にも何度も説かれてきたということが前提になっています。つまり、法華経とは釈迦が説いたものだけを指すのではなく、今、我々が法華経と呼ぶ経典は、正確には「釈迦の法華経」と呼ぶべきもので、他の仏が説いた法華経も存在したのです。

例えば、法華経の不軽品《ふきょうぼん》には、過去に法華経を説いた威音王仏《いおんのうぶつ》という仏の存在と、その仏が没した後に不軽菩薩が二十四文字の法華経を説いた、という物語が説かれます。この二十四文字の法華経が何を説いていたかというと、端的に「皆、仏になれる」と万人の成仏を説いているのです。威音王仏が説いた法華経も同様です。ですから、逆からいえば、万人の成仏を説いた経を、法華経と名付けているとも言えるでしょう。しかも、釈迦は、過去の不軽菩薩が、現在の釈迦自身である、とも述べています。

ここから分かるのは、法華経と呼ばれる万人の成仏を説く教説は、過去から繰り返し説かれ、その法華経を説く仏も過去から繰り返し出現してきたということです。そして法華経こそが様々な仏と経典を産み出す根源だったということです(37)。

仏教では、ある仏の入滅後その教えが世から失われていく様子を、正法・像法・末法の三つの時代に分けて理解します。正法は仏の教えが世に行きわたって安定した時代、像法は形骸化が始まり不安定になる時代、末法は教えが世から失われ不幸に見舞われる時代です。先の不軽菩薩は、威音王仏の像法の末に現れて法華経を広めたと説かれます。

この不思議な状況設定は、そもそも何を表そうとしているのでしょうか。簡単に言うと、万人の平等を説く教え・思想が、時代の変化とともに失われて世の中が不幸になった時、新たな人物が再び万人の平等を説き、その思想を広めていく――これが永遠に繰り返されるということです。威音王仏↓不軽菩薩↓釈迦は、その流れの中にあるわけです。そして、その時代その時代に、新たな法華経が説かれてきたことを示そうとしているのです。

日蓮は、釈迦という仏の末法時代にいます。釈迦が説いた法華経への信仰が、念仏の流布によって急速に失われ、世が不幸に見舞われている。そう日蓮は理解しています。日蓮は南無阿弥陀仏の称名念仏に対抗して南無妙法蓮華経という法華経題目の唱題を広め、新たな法華経信仰、五文字・七文字の法華経を説いているのです[38]。

日蓮は、当初、自らの仏法上の立場について、釈迦の法華経を、釈迦滅後の像法時代に中国で広めた天台大師、日本の伝教大師に連なる正統な僧と位置付けていました[39]。ところが後には、釈迦が説いた法華経の文脈からみれば、日蓮は教主釈尊の久遠からの弟子であり、釈迦仏法の末法に五文字の法華経流布を託された菩薩である、と述べて、威音王仏↓不軽菩薩↓釈迦↓日蓮の系譜に移しています[40]。どうして、このような変化があったのか。

この謎については、今後、答えに迫りたいと思います。

いずれにしても、ご質問の解釈は、法華経は時代によって更新され、それを説く仏も繰り返し出現するという前提を無視してしまっているので、少なくとも日蓮自身の仏法理解とは異質のものと思われます。

日蓮を本尊にした曼荼羅

まず為政者に改宗を迫った

日蓮は、法華経信仰の再興を目指し、念仏僧との闘争を開始します。しかし、その闘争は決して宗教の枠内に収まるものではありませんでした。日蓮の意識は、為政者に向けられています。日蓮は、為政者が称名念仏を止め、唱題による法華経信仰を再興することで、世は安穏になると信じたのです。

日蓮における為政者と仏法の関係は、次のようなものでした。

「善悪に付て国は必ず王に随ふものなるべし。世間此くの如し仏法も又然なり。仏陀すでに仏法を王法に付し給ふ。しかればたとひ聖人・賢人なる智者なれども王にしたがはざればば仏法流布せず、或は後には流布すれども始には必ず大難来る」[41]

日蓮が目指す法華経信仰の再興には、まず為政者による法華経信仰が必要だったのです。ここの感覚が、現代の民主社会に生きる私たちには、すんなりとは納得できないところですが、仏法が、そもそも国家の安穏を目指したものである以上、為政者の信仰を最優先したのは当たり前のことでした。日蓮の主著が「立正安国論」であり、為政者に提出した建白書だったのも、この文脈から理解する必要があります。[42]

「立正安国論」は、漢文の中でも特に華麗な文体とされる四六駢儷体《しろくべんれいたい》で書かれています。当時、この文体を使いこなした日蓮の知力の高さには驚かされます。内容は、客と主人の問答形式で書かれています。はじめに客が、天変や飢饉・疫病による死者の骸骨が道に溢れている様子を嘆き、この国の衰えは、何の禍によるもので、何の誤りによるのか、と主人に尋ねるところから始まります。

客を幕府の最高権力者に見立て、日蓮が主人となって、客の質問に答えながら世の乱れを正す方途を主人が授けていきます。ここで驚くのは主客の立ち位置です。日蓮は、幕政に対する指南者であることを当然として、これを書いています。そして、受け取る幕府側にも、その構図に異議を唱えた形跡は見られません。当時、僧侶が上位の立場から幕政を指南することが、それほど不自然なものではなく、僧侶の立場が現代よりも格段と政治的に上位だったことがうかがえます。

当初の目的は、念仏の停止

日蓮は、南無阿弥陀仏の称名念仏と南無妙法蓮華経の唱題を、ともに唱えることを禁じ、南無妙法蓮華経とだけ唱えることを信徒に求めました(43)。法華経信仰に厳格な専修を求めたのは、歴史上、日蓮だけでした。それは、なぜだったのでしょう。

法華経には「正直捨方便」、「不受余経一偈」との文があります。これは、「法華経以前の教えは全て方便である」、「法華経以外の経典の一句たりとも信じてはいけない」という意味です。日蓮は、これを根拠に法華経だけ信じることを求めたのです。なるほど、そう言われれば、反論の余地はありません。しかし、その一方で、源頼朝をはじめ、過去に法華経を信仰した人物を、日蓮は高く評価しているのですが、そうした人物は、決して法華経だけを信じていたわけではないのです。同じ法華経信仰でも日蓮のそれは過去の在り方とは厳格さに違いがあります。

この点について、日蓮は、こう述べます。

「智者学匠だにも、近来は法華経を捨て念仏を申し候[44]」、「世間に貴しと思ふ人の只弥陀の名号計りを唱るに随て、皆人一期の間一日に六万遍十万遍なんど申せども、法華経の題目をば一期に一遍も唱へず[45]」、「謗法の者に向ては一向に法華経を説くべし[46]」

ここに、日蓮の問題意識は明瞭です。日蓮の当初の目的は、第一に称名念仏の停止だったのです。それは幕府に提出した「立正安国論」で、為政者に求めた施策が「一凶を禁ぜん」、「国中の謗法を断つべし」という念仏停止だったことからも明らかです。

称名念仏の流布を押し返し、法華経信仰の再興を図る。この二つの難題に応えるために採用したのが南無妙法蓮華経の唱題です[47]。

口唱という万人に可能な実践であり、しかも称名念仏を否定し、それがそのまま法華経信仰になるという、まさに画期的な修行方法でした。この唱題の流布こそ、念仏に対する否定であり攻撃であり、折伏そのものだったのです。ですので、念仏に代えて題目を唱えろ、という主張は、日蓮にとって当然のことでした。こうして、唱題を専修とする日蓮独自の法華経信仰が生まれたのです。

二度の流罪が、日蓮を変える

日蓮が広めた唱題は、称名念仏の勢いを押し返していきました。「念仏無間地獄」との激しい攻撃や、「立正安国論」で示した日蓮の予言が蒙古襲来によって的中したことは、念仏僧たちに大きな動揺をもたらし、幕府内には政治的な葛藤も生まれていきます。そうしたなか一二七一（文永八）年十月、日蓮は佐渡に流されました。流罪の経緯には、以前から説明されてきたような念仏僧たちによる謀略もありましたが、と同時に、幕政内の対立抗争に日蓮が巻き込まれた面もあったのです（本書「Ⅱ　日蓮と将軍家」参照）。

日蓮は、「立正安国論」を幕府に提出した翌一二六一（弘長元）年に伊東へ流されていますから、日蓮は一〇年で二度の流罪に処されたことになります。二度の流罪というのは、法華経者である日蓮にとって特別な意味がありました。それは、法華経の予言が的中した証だったからです。少し説明しましょう。

法華経には、釈迦滅後の悪世において法華経を流布する者には必ず三種の強敵が現れ、迫害を加えるだろうとの予言が記されています(48)。一つは、仏法に素養のない者たちからの迫害であり、二つ目は、僧侶からの迫害、そして三つ目は、高僧が権力者を扇動して二度以上にわたって逮捕・流罪にするだろう、というものでした。ところが、日蓮以前には二度以上の逮捕・流罪を経験した法華経者はいませんでした。そこで日蓮は、この予言を身で読んだのは、史上、日蓮ただ一人である、と述べます。(49) 日蓮こそ、法華経を経文通りに実践した真実の法華経の行者である、との宣言でした。

この日蓮の自覚から法華経を読むと、法華経の経文はすべて日蓮の登場を予定し、日蓮のために残されたものだったということになります。日蓮は、この自覚に立って自身のことを「教主釈尊より大事なる行者(50)」と述べ、日蓮こそ釈迦仏法が滅んだ時代の新たな法華経の再興者、仏である、と覚悟します。

日蓮にとって佐渡流罪は、仏法史上、かつてない画期だったのです。

日蓮を本尊にした曼荼羅

日蓮は、佐渡流罪の以前と以後とで、自分の教えが変わっていることを理解するよう、門下に通達します。では、日蓮の教えは、どう変化したのでしょう。この点については、これまではどちらかというと日蓮の書き残した文献から見る、教説の変化に重点が置かれてきましたが、実は最も大きな変化は、日蓮が曼荼羅を書きはじめたことにあります。(51)

日蓮の曼荼羅は、中央に南無妙法蓮華経を大書し、その左右と四隅に仏菩薩、諸神を書き連ねた独特のものです。この曼荼羅は、書かれた時期、大きさによって、さまざまな変化がありますが、中央の南無妙法蓮華経だけは不動であり、これが本尊であることは一目瞭然です。問題は、ここで本尊とされた南無妙法蓮華経と、唱題される南無妙法蓮華経の違いは何か、ということです。

日蓮は、伊東・佐渡による二度の流罪で、法華経を経文の通り実践した史上唯一の真実の法華経の行者であり、釈尊が末法に法華経流布を託した者である、との覚悟を得ます。これは、端的に日蓮こそが法華経に帰命した者、妙法蓮華経に南無した者、南無妙法蓮華経と呼称できる存在であるとの覚悟を意味しています。つまり日蓮は、「真実の法華経の行者」＝「南無妙法蓮華経」を本尊とした曼荼羅を表したのです。そして、それは紛れもなく日蓮自身のことを指していました(52)。

曼荼羅を書きはじめた当初は、時機をはかったのか、中央には書かなかった自身の署名でしたが、やがて南無妙法蓮華経の真下に日蓮と書き入れ、日蓮こそ南無妙法蓮華経そのものである、と公然と示すようになります。南無妙法蓮華経の七文字は、佐渡以前には、法華経に対する帰命の誓願として唱えられていました。しかし佐渡以降は、法華経身読の真実の行者を表すことにもなったのです。

日本宗教学の創始者である姉崎正治（一八七三－一九四九）は、日蓮の人格と宗教とを一語に総括代表する語があれば、それは「法華経の行者」に尽きると述べています。まったくその通りだと思います。そして、日蓮の曼荼羅の中央に大書きされた本尊の「南無妙法蓮華経」こそ、まさに法華経の行者である日蓮の人格と宗教を一語で総括代表したものだったのです。

念仏の次は、密教だ！

日蓮は、法華経の行者を本尊とする曼荼羅を、どのような目的で書き始めたのでしょう。曼荼羅の表示と並んで、佐渡以降、日蓮に顕著に見られた変化は、密教（真言宗・天台宗）に対する攻撃です。それまでも密教への批判がまったくなかったわけではないのですが、佐渡流罪を境に本格的に準備し、攻撃を開始しました(53)。

そもそも曼荼羅は、密教による世界観を図示したもので、大日如来を本尊とし、祈祷・修法には欠かせないものでした。この本尊を、大日如来から法華経の行者に代えた日蓮の曼荼羅は、それ自体が密教の否定であり、攻撃だったのです。かつて念仏に対抗して、帰命の対象を阿弥陀仏から妙法蓮華経に改めて法華経信仰の再興を目指した日蓮は、今度は本尊を大日如来から法華経の行者である日蓮に改めた曼荼羅を示して密教に対抗し、末法における新たな法華経信仰を確立しようとしたのです。

日蓮は、自身を本尊とした新たな法華経信仰が、釈迦の末法において、真実無二の仏法として海外に流布していくことになる、とも述べました。内村鑑三は『代表的日本人』の中で次のように語っています。

「日蓮の大望は、同時代の世界全体を視野に収めていました。仏教は、それまでインドから日本へと東に向かって進んできたが、日蓮以後は改良されて、日本からインドへ、西に向かって進むと日蓮は語っています。これでわかるように、受け身で受容的な日本人にあって、日蓮は例外的な存在でありました[54]」

日蓮の創造性と独立心は、世界を視野に収めた大望を有する点でも発揮されたと内村は言います。そして、結論として次のように述べています。

「闘争好きを除いた日蓮、これが私どもの理想とする宗教者であります[55]」

読者の皆さんは、この内村の意見をどう思われたでしょう。念仏、密教への攻撃を通して法華経信仰を再興しようとした日蓮から、闘争を差し引いてしまったら、果たして日蓮の独創性はあったでしょうか。日蓮は徹頭徹尾、闘争の人でした。闘争こそ日蓮の創造性と独立心の源です。それを確認するために、なぜ日蓮は密教を攻撃したのか、その理由を考えてみたいと思います。

三大秘法に触れないのは、なぜ?

ここでは、数多く問い合わせを頂戴した中から、代表的なご質問について、お答えします。

質問「日蓮の教えの根本は、本尊、戒壇、題目の三大秘法です。この大事な法門に触れないのはなぜですか」

日蓮が三大秘法を大切な法門としていることは間違いありません。ただし、これは密教からの攻撃に対抗する中で提示されたものだ、という前提を知っておかなくてはならないでしょう。日蓮が、文字曼荼羅を顕したのは、密教破折が目的だったという点は、読者の皆さんにはご理解頂けたかと思います。三大秘法の説示も、その延長線にあります。

法華経信仰は密教から、「法華経には三密が欠けている」と強烈に批判されてきました。

どういうことか、簡単に説明します。

密教の最も大事な法門に「即身成仏」があります。人が、その身、そのままで成仏できる、という教説です。日蓮は、この即身成仏の法門は、密教が法華経から盗み入れたもので、もともと密教に説かれたものではない、と批判します〈この点は今は深入りしません〉[56]。密教で説く即身成仏には、身・口・意の三密の修行が不可欠である、とされました。具体的には、手で印を結び（身密）、口で真言を唱え（口密）、心に本尊を思い浮かべる（意密）ことを指します。

即身成仏に不可欠な三密のうち、法華経にはただ意密だけあって、身密と口密がないというのが密教からの批判です[57]。この批判に、法華経を尊重する顕教からは、有効な反論ができず、天台宗ではむしろ密教に法華経を引き入れて、密教と法華経の同一を説きました[58]。これは法華経を最第一とする日蓮にとって許し難いことだったでしょう。

日蓮は、称名念仏に対抗する際、その形式を取り入れて唱題を説きましたが、密教との対決でも日蓮の基本的な方法論に変化はありません。人々が受け入れている形式を利用して、信仰の対象を法華経に代えようとします。

密教の即身成仏が法華経の根幹を盗んで成立した教説であることを、再三、日蓮は指摘しています。[59]しかし、三密が即身成仏には不可欠だと考える人に、日蓮は、成仏に三密は必要ないと議論をもって承服させるよりも、法華経信仰の三密の方が勝れていると思わせる方を優先しました。[60]日蓮にとって三密は、換骨奪胎して新たな法華経信仰に取り込んでしまえるほど、形式的な問題だったのです。日蓮の三大秘法の法門は、そのような意図をもって提示されたものです。

日蓮によって真言を唱える口密は、唱題に転換され、手印を結ぶ身密は、授戒の儀式に転換されました。

叡山では出家して僧になる際、戒壇院と呼ばれる特別な施設において授戒が行われました。日蓮は身密を戒壇に充てていますが、この場合の戒壇は、単に施設を指すのではなく、戒壇院に象徴される授戒儀式を指していて、この儀式に用いられた身体的作法そのものを身密にあてたのだと思われます。日蓮自身も叡山で授戒（授法）されていますから、この儀式の重要性、僧を目指す者が抱く特別な羨望は十分理解していたはずです。

日蓮は新たな法華経信仰を興すと、叡山に代わって徳を備えた弟子に阿闍梨号を授けます。[61]その際、どのような儀式を踏んだかは不明ですが、日蓮が遺した最大の曼荼羅はタテ二四四cm、ヨコ一二五cmあり、表装すれば優に三メートルは超える大きさがありました。[62]

当然、密教同様に巨大な法華曼荼羅を掲げた戒壇において、唱題のなかで授戒し、特別な儀式が行われたことでしょう。[63] 日蓮にとって形式や儀式は、常に法華経信仰のために利用されており、方便として位置付けられていたことが分かります。[64]

日蓮には戒壇に対する特別な思いがあります。日蓮を日本第一の僧であると朝廷と幕府が公認し、日蓮に授戒者（伝戒師）の資格を与えた時に、延暦寺に代わる新たな戒壇院が造営されることになるからです。これは日蓮を中心に仏教界が再編されるということです。[65] 日蓮の目標はそこにありました。しかし、この夢は叶いませんでした。

やがて時代が下って戒壇や授戒に馴染みがなくなり、日蓮の法華経信仰が広範な民衆に受け入れられると、信徒が本尊に向かって唱題する場所、身体的作法、仏具、儀式など、その全般を身密の戒壇として理解するようになっていったのでしょう。

日蓮にとって、最も大事な法華経信仰の根本は、日蓮との同心（日蓮への信仰）にありました。唱題と本尊も、日蓮との同心を欠いては意味をなさないものでした。[66] それさえ違えなければ、あとは人々の素養や理解に合わせて柔軟に対応すべき問題だったのです。日蓮が唱えた三大秘法も、密教からの批判に応えるとともに、法華経信仰に転換させる目的で、その教説を利用したものです。しかも、それは密教に親しんできた門下に対する説示

のなかに現れる程度です。日蓮の仏法の根幹を支える教理でないことは明らかだろうと思います。(67)

日蓮の目標は何だったのか

密教の祈祷をしてはならない

日蓮が目指す法華経信仰の再興には、何よりもまず為政者による法華経信仰が必要でした。そのために称名念仏に代わって唱題という法華経信仰の形式を整え、「立正安国論」を執筆して為政者に改宗を迫ったのです。ところが、幕府はこの要請に沈黙を貫きます。そして、日蓮が予言した通り、蒙古からの国書が届き、他国からの侵略が眼前に迫ってきたのです。

この前代未聞の国難に、幕府は敵国退治の祈祷を寺社に命じました。その中で、特に重きを置いたのが密教による祈祷です。

日蓮は、一二七四（文永十一）年三月、幕府に赦されて約二年半ぶりに佐渡から鎌倉に戻ります。そして、侍所所司は解かれていたものの得宗家執事として幕政の中枢にいた平頼綱と対面しました。頼綱は威儀を正し、日蓮に蒙古襲来の時期を尋ねます。日蓮は、年内にはやって来るだろうと述べた上で、絶対に密教による祈祷をしてはならない、と強く進言します。密教による祈祷をすれば、日本は軍《いくさ》に負ける、とまで断言しました。その際、日蓮が例に出したのが、一二二一（承久三）年の承久の乱です(68)。

承久の乱は日本史上、初めて武家が天皇家を流罪にした戦いです。幕府軍に朝廷は敗北し、後鳥羽上皇、順徳上皇は隠岐と佐渡に流されます。日蓮は、民である北条義時が、天子である後鳥羽上皇を攻めたのは、子が親を撃ち、家臣が主君に敵対するのと同じで、天照大神も八幡神も味方にはならない。にもかかわらず公家が負けて武家が勝ったのは、朝廷が密教を信じ、祈祷させたからだ、と非難したのです(69)。

日蓮は、なぜ密教を批判したのでしょう。それは、密教が、法華経よりも大日経の方が優れ、法華経を説く釈迦よりも大日如来が根本だ、と主張していたからです。しかし、日蓮にとって、密教を敵に回すのは、簡単なことではありませんでした。実に周到な準備を必要とするものだったのです。それは、なぜか。理由の謎解きは次に譲り、ひとつ余談を挟みたいと思います。

日蓮が、国という字を書く場合、「くにがまえ」に「玉」や「或」ではなく、「民」と記す場合が見られることから「鎌倉時代にあって日蓮は、王や統治者ではなく、すでに民衆を中心に国を理解していた」という意見がありますが、さあ、いかがでしょう。いかにも現代風で耳触りのよい解釈ですが、身分社会だった当時の時代状況を無視しているように思えます。

実は、ここで日蓮が「民」としているのは、武家である北条氏のことではないでしょうか。「民」は「天子」との対称で使われています。同様に、日蓮は「公家」と「武家」とを対称にしています。従来、天皇が治めてきた国を、承久の乱を契機に、実質的に北条氏が治めている点を、日蓮は再三、強調しています。

日蓮にとって日本の統治者は、もはや朝廷ではなく北条政権でした。この日蓮の認識を理解することは、とても重要です。

天台僧の日蓮が、天台宗を撃つ

日蓮にとって、密教との対決は、とても難題で周到な準備が必要でした。それは、なぜでしょうか。

日蓮は、仏教界では正統な主流派にいます。当時の主流派は、最澄（伝教大師）の定めた通り、比叡山（天台宗）で山家学生式に則った一二年に及ぶ山籠もりの修行を経た者です。当初は、毎年、わずか二名の試験合格者にしか許されない修行で、無事に終了すれば、師匠から阿闍梨《あじゃり》号が授けられます。最近でこそ、日蓮の籠山行に言及する人も現れていますが[70]、以前は、日蓮とは無縁の修行だと思われていました。

日蓮は、叡山での一二年間、法華経をはじめ金光明経、仁王経などの護国経と呼ばれる経典と、その解説書などを、徹底して暗記・暗唱し、学んでいきました。修養の第一は、何と言っても暗記です。日蓮は叡山に登る前、清澄寺の本尊だった虚空蔵菩薩に「日本第一の智者となしたまえ」と祈ったとされていますが、この時、日蓮は記憶力増進の修養を行ったようです[71]。当時、暗記がいかに大事であったかが分かります。

日蓮は門下に宛てた手紙の中で、漢文のまま護国経の経文を数多く引用し、それらを縦横無尽に活用しています。また佐渡流罪の当初、主要な経典が散逸していたにもかかわらず、日蓮の経典の引用に特段の違いはありません。いずれも日蓮が経文を暗記していたからで、叡山での修養のたまものと言えるでしょう[72]。

叡山で授戒され、阿闍梨号を受けた日蓮は、中国の天台大師、日本の伝教大師の流れを汲む正統派の法華経者として活動を始めます。[73] ところが日本仏教の総本山とでもいうべき比叡山の天台宗は、九世紀には第三祖の円仁（慈覚大師）が密教を法華経の上位に置き、密教化していたのです。[74] 日蓮が浄土宗と争うことは、天台宗も専修念仏の禁止を求めていたので、教義上も日蓮の立場からも難しいことではありませんでしたが、相手が密教となれば話は別です。

日蓮は、幕府に「立正安国論」を提出する際、次のように記しました。「天台沙門日蓮撰」——天台宗の僧である日蓮が著述した、という意味です。密教批判は、天台僧を名乗る日蓮が、総本山の天台宗に弓を引く行為になるわけです。[75]

＊西山茂東洋大学名誉教授は、「日蓮教学の根本には実践がある。教学と実践の両方を学び、日蓮教学を現代社会で再歴史化しよう」と提案しました。日蓮の教えの蘇生には日蓮と同じ闘争が必要です。日蓮の教説は法華経身読と不可分のものです。したがって、闘争なき蘇生は成立しようがありません。日蓮の門下には覚悟が必要です。

祈祷がなければ仏教ではない

天台僧として出発した日蓮が、自らの正統性の根拠ともいうべき天台宗を攻撃する。これがいかに困難なことであったか。少し別の角度から探っていきたいと思います。

鎌倉期の仏教研究に大きな変化をもたらした論考に黒田俊雄氏の「顕密体制論」があります。[76] 鎌倉期は鎌倉新仏教と呼ばれる禅・浄土・日蓮など新興の諸宗が席巻した時代であるとしてきた従来の研究成果を改め、律宗や天台宗・真言宗など鎌倉期以前からある旧仏教が、あくまで仏教界の主流として絶大な力を持っていたと論じたものです。鎌倉新仏教は異端派として「派生的で部分的な位置を占める」に過ぎないとされました。

ここで旧仏教というのは、奈良時代の国家仏教だった六宗（三論、成実、法相、倶舎、華厳、律）に、平安時代に興って朝廷から公認された天台宗と真言宗を加えた八宗のことを指します。黒田氏は、八宗のなかでも真言密教の影響力の大きさに注目しました。加持祈祷という呪術を特徴とする密教は、他宗にも取り入れられていき、やがて仏教界全体が密教化していったと述べます。この八宗が国家権力から公認され、癒着し、結合していたとして、密教化された八宗と国家権力の結合によって正統化された体制を、顕密体制と呼びました。[77]

日蓮は、佐渡に流罪される以前の時点で、すでに念仏信仰の勢いを留めたことを誇っています。[78] いわゆる新仏教との闘争には一応の勝利を収めたということでしょう。日蓮が次に勝負すべき相手は、まさに顕密体制そのものだったということになります。日蓮が密教による祈祷を停止するよう幕府に求め、密教批判を展開したことは、当時の全仏教界を敵に回すだけではなく、国家体制それ自体への挑戦でもあったわけです。[79]

日蓮は、このような大胆な戦いを、佐渡で、流人の身として開始しています。佐渡流罪を契機とした日蓮の法華経の行者としての覚悟が、いかに大きなものだったか、改めて驚かされます。

では日蓮は、この挑戦によって、最終的に何をしようとしていたのでしょう。体制転換のために日蓮が獲得を目指した目標は何か、ここに迫りたいと思います。

日蓮は国師を目指した

仏教界全体が祈祷を取り入れ密教化し、これを国家が庇護し受容し、活用した時代に、日蓮は密教批判を行いました。日蓮にとって国家の主体、国主は北条政権でした。[80] 日蓮の目的は、国家の安穏です。そのために国主が法華経を尊重しなければならない、と日蓮は考えました。蒙古の来襲に備えて密教での祈祷を命じ続ける国主が改心しなければ、日本は滅びると日蓮は主張します。そのために、とにかく法華経を否定した密教による祈祷の停止を日蓮は求めたのです。

さらに日蓮は、政権による法華経信仰も求めます。しかもその法華経信仰は従来のものではありません。釈迦の仏法はすでに末法に入っており、国を導き、人々を救う力はなくなっています。この時代に国を導き、人々を救う力は、日蓮が興した新たな法華経の信仰以外にはない。日蓮は、そう考えています。では日蓮は、そのような政策の転換をどのように成し遂げようとしたのでしょうか。

日蓮は、その理想を智顗（天台大師）・最澄（伝教大師）の時代に求めています。智顗も最澄も法華経を宣揚しようとした際、仏教界から激しい批判を浴びます。ここで登場するのが王であり、天皇です。

最高権力者は、智顗・最澄と諸宗との公開討論を主催します。そしてこの討論で勝利した智顗と最澄に、やがて仏教界の最高位である大師号を与え、天台宗を頂点とした新たな国家体制を敷くのです[81]。また、智顗や最澄は、王と天皇から護国のための祈祷を命じられ、祈雨も見事に成就したと日蓮は述べます[82]。

日蓮は「立正安国論」で、もし念仏への帰依を停止しなければ国乱に見舞われ、他国から攻められるだろう、と二つの予言を残しました。そして蒙古からの国書が届き、予言の一つが的中した際、日蓮は幕府に次の四点の処遇を期待しています。[83]

①国からの褒章
②存命中の大師号の授与
③軍議への招聘
④敵国退治の祈祷の要請

大師の称号は、智顗は存命中に受けていますが、最澄に贈られたのは死後のことでした。日蓮は、伝教大師を超える厚遇で自分を国師として迎えるべきだ、と主張しているのです。[84]実は、これが日蓮の本音です。そして目標だったのです。[85]

私の祈祷でなければ叶わない

一二六八（文永五）年、蒙古からの国書が届き、その来襲が眼前に迫ると、日蓮は執権の北条時宗に次のような書状を送りました。[86]少し長くなりますが御容赦ください。

「先年、日蓮が諸経の要文を集めて論じたことは立正安国論の通り、少しも間違えることなく的中した。日蓮は聖人の一人であると言える。未来を知ることができるからである。今また、重ねてこのことを諫言申し上げる。急いで建長寺、寿福寺、極楽寺、多宝寺、浄光明寺、大仏殿等への御帰依を止めなさい。そうしなければ、重ねてまた、四方から敵が攻めてくることになる。すみやかに蒙古国の人を祈祷によって抑え鎮め（調伏）、我が国を安泰にして頂きたい。蒙古の調伏は日蓮でなければ叶えることができない（中略）」

「日蓮が述べていることを用いないならば、必ずや後悔することになる。このことを広く幕府要人に伝えたので、皆を一ヶ所に集めて評議の上、通知頂きたい。とにかく、すべての祈祷を停止して、諸宗を御前に召し合わせて仏法の正邪を決定して欲しい（中略）」

「インド・中国・日本の三国における仏法の判定は、王の面前で行われてきた。いわゆるアジャセ王の時代、陳・隋の時代、そして桓武天皇の時である。こう述べるのは日蓮の曲がった私心からではない。ただひとえに大忠を抱いているからである。我が身のためにこれを述べているのではない。神のため、君のため、国のため、一切衆生のために申し上げているのである」

これほど端的に日蓮の目標、本音が語られた書簡はないように思います。これは、日蓮が佐渡に流される前ですから、日蓮には真実の法華経の行者といえる覚悟はまだありません。それでも幕府の評定によって、誰が正しい仏法を説いているか、白黒をハッキリさせるべきだ、と求めます。しかも、日蓮を国師としない祈祷では、国はさらに攻撃されることになると述べ、後悔しても知らないぞ、と幕府を脅しているのです。

同様の書簡は幕府の要人とともに、政権の帰依が厚い諸宗の高僧にも送られました。そこにも、日蓮の本音が表だって語られます。いったい、どのように語ったのでしょう。

大誓「われ日本の柱とならむ」

日蓮が執権・北条時宗に求めているのは、端的に諸宗による祈祷の停止と日蓮による祈祷です。そのための幕府主宰による諸宗との討論・法論です。日蓮は評定さえ実現してくれれば、必ず諸宗に勝利すると確信しています。[87] そして勝利の暁には国師となって幕府を助け、国を安穏にするために祈祷ができる、と認識しているのです。

だから日蓮は要人への書状において、諸宗の高僧と召し合わせられることを「本望」と述べ、「日蓮が本望を遂げしめ給え」と懇願します。一方、諸宗の高僧に対しては「日蓮に帰依すべし」と迫り、「対決の時を期す」と手ぐすねを引きます。日蓮の目標、それは国師だったのです。

この時、法論は実現しません。しかし日蓮は、その後も幕府の評定を求め続けます。門下が私的な討論で勝利した際も、今後は幕府による法論以外は相手にするな、と注意を与えていますし、(88)幕府要人から祈祷の要請があった際も、それを断ったようです。(89)日蓮は、あくまでも国師としての祈祷を求めます。日蓮は次のように述べます。

「伝教大師は叡山を立て、一切衆生の眼目となる。結局、七大寺は落ちて弟子となり、諸国は檀那となる」(90)

「所詮真言・禅宗等の謗法の諸人等を召し合わせ是非を決せしめば日本国一同に日蓮が弟子檀那と為らん。我が弟子等の出家は主上上皇の師と為り在家は左右の臣下に列ならん。将《は》たまた一閻浮提《いちえんぶだい》皆この法門を仰がん」(91)

伝教大師（最澄）のように、仏教界の頂点に法華経を掲げ、諸宗と僧尼の序列・再編を図り、国をあげて日蓮に帰依する姿を理想としているのです。

ところで日蓮は、国師になろうとの目標をいつごろから抱いていたのでしょう。

日蓮は佐渡に流罪となった際、「私は法華経の経文通り実践しているのに、法華経の行者を守ると誓ったはずの神々や諸仏が、なぜ私を守らないのか」と悩みます。(92)その煩悶の中で、次の有名な一節が宣言されます。

「我れ日本の柱とならむ、我れ日本の眼目とならむ、我れ日本の大船とならむ等と誓いし願い破るべからず(93)」

神々や諸仏が自分を守らなくてもいい、どんな厳しい迫害にあってもいい、ただ命をかけて法華経信仰を貫くだけだ、とかたい決意を披歴した後で、「必ず日本の柱になると誓った願いだけは絶対に破らない」と当初からの誓願を反芻して、自らを鼓舞しているのです。日蓮が国師になると決意したのは、かなり早い時期だったことがうかがえます。

一二歳からの夢を追う

日蓮が、国師を自身の目標としたのは、いつごろのことだったのでしょう。ここに、その時期を示すと思われる一文があります。

「大虚空蔵菩薩の御宝前に願を立て、日本第一の智者となし給へ。十二の歳よりこの願を立つ。その所願に子細あり。今くはしくのせがたし(94)」

一二歳というのは、日蓮が生まれ育った安房の清澄寺に登った時とされています。ここでいう智者は、仏法を習い極めた僧を指します。日本第一の智者というのは、端的に国の最高権力者からの帰依を受け、国を正しく導く国師を指していることは、ご理解頂けると思います。

日蓮は、「仏教を習わん者の、父母・師匠・国恩を忘するべしや。此の大恩を報ぜんには必ず仏法を習い極め、智者とならで叶うべきか[95]」と述べるとともに、日蓮の願いを聞き入れない幕府に対して、「国をたすけんがため、生国の恩をほうぜんと申せしを、御用ひなからんこそ本意にあらざる[96]」と嘆いています。国師となって国を救う、安穏にする、これが当初からの日蓮の願いであり、誓いでした。

「立正安国論」においても国主に見立てた客の言葉に託して、次のように記します。

「(国主である私は) 諸宗の浅深を推し量って判定し、もっとも優れた僧を重く崇拝するであろう[97]」——国主が諸宗を裁定して国師を選ぶ、これが日蓮の願いなのです。

ところが、少年時代からの日蓮の願いは、終生、かなうことはありませんでした。それはどのような理由によるのでしょう。

もちろん、日蓮が名もない一介の僧なら、かなわなくて当然に思えます。しかし日蓮が一介の僧なら、果たして幕府は二度までも流罪にする必要があったでしょうか。その影響力が侮れないからこその流罪だったと考える方が自然です。一方で、日蓮は流罪によって宗教上の主張を変えてはいません。にもかかわらず幕府は、なぜ流罪を二度とも赦しているのでしょう。流罪が宗教上の影響力を封じるためであるなら、赦免にした理由が分からないのです。

幕府にとって日蓮はどのような存在であったのか、日蓮の出自を含む教団の立ち位置に、実はその処遇が振幅した理由があります。この謎については「Ⅰ　日蓮の出自について」、「Ⅱ　日蓮と将軍家」、「Ⅲ　日蓮と政治」で考察しました。

注

（1）内村鑑三『代表的日本人』（鈴木範久訳、ワイド版岩波文庫一六四、一九九七）一七六頁。

（2）前掲『代表的日本人』一七六頁。

（3）藤原定家の南無妙法蓮華経（なもめうほうれむくゑきやう）の一三字を頭においた「法華経題目連作和歌」が知られる（詞書「大将殿にて秋の頃よゐの僧の経よむを聞きて例のこの文字を上におきて秋の歌」）。八世紀の成立とされる唐僧祥公の『法華経伝記』巻九に「南無妙法蓮華経と声を挙げて唱えた」とある（聴聞利益第十一　潯陽湖海女十一）。本尊の名号に南無を冠したものを「宝号」と呼ぶ。阿弥陀仏の宝号は南無阿弥陀仏、釈迦牟尼仏の宝号は南無釈迦牟尼仏である（石附敏幸「宝号」『鎌倉遺文にみる中世のことば辞典』ことばの中世史研究会編、東京堂出版、二〇〇七、一二九頁）。

（4）「像法には南岳・天台、亦題目計り南無妙法蓮華経と唱へ給ひて」（「三大秘法稟承事」『昭和定本　日蓮聖人遺文』〈立正大学編、一九五二、以下「定本」〉一八六四頁）。「伝教大師の最後臨終の十生願の記に云く南無妙法蓮華経云々」（「当体義抄」定本七六七頁）。「文殊師利菩薩、南無妙法蓮華経と唱へたり」（「内房女房御返事」定本一七八五頁）。

（5）「法華経法師品第十」などに説かれる。

（6）本書「Ⅲ　日蓮と政治」注（1）参照。
（7）『吾妻鏡』一一八〇（治承四）年七月五日。松本知己氏は「平安時代において特筆すべきは、法華八講をはじめとする『法華経』の法会の盛行である」として「藤原道長が長保四年（一〇〇二）に始修し、以降晩年まで恒例とした法華三十講（『法華経』二十八品と開結二経を講説）は、その頂点に位置するものである」とされた（『事典　日本の仏教』蓑輪顕量編、吉川弘文館、二〇一四、一九四頁）。
（8）一二〇〇（正治二）年五月十二日に将軍頼家が念仏を禁断し、一二二七（安貞元）年七月十三日の宣旨を受け幕府が念仏停止を諸国の守護地頭に命じる。一二三五（嘉禎元）年七月、幕府は黒衣念仏者の往来を禁止した（辻善之助『日本仏教史』第三巻、岩波書店、一九四九、三五二～四頁。佐藤進一・池内義資編『中世法制史料集　第一巻』岩波書店、一九六九、追加法九〇「称念仏者着黒衣輩事」〈以下「追加法」は同書による〉）。
（9）「新善光寺別当で念仏者主領」（『関東往還記』一二六二〈弘長二〉年七月十九日の条）。
（10）称名念仏以外の諸行も阿弥陀仏の本願行であるとした長西（一一八四－一二六六）の諸行本願義は、華厳・真言・禅・律との親和を生み、長西の門流は鎌倉や京都で特に真言律宗と結び、広く支持を受け、影響力を保持した。日蓮と対立した道教房念空も、長西の弟子である

（『新纂浄土宗大辞典』浄土宗大辞典編纂実行委員会編、二〇一六、東海林良昌著「諸行本願義」等参照）。

（11）日蓮は「結句は法華・真言等の智者とおぼしき人人も皆或は帰依を受けんが為或は往生極楽の為皆本宗を捨てて念仏者と成り。或は本宗ながら念仏の法門を仰げる也」と述べる（「当世念仏者無間地獄事」定本三一二頁）。

（12）一二六一（弘長元）年二月三十日の「関東新制条々」には「病人・孤児・死骸を道端に捨てることを禁止」とある（「追加法」三九七）。

（13）前掲注（10）参照。諸行本願義に対する日蓮の認識は次の通り。「千中無一の悪義をやめて、諸行往生の由を念仏者ごとに之を立つ。然りと雖も唯口にのみゆるして、心の中は猶本の千中無一の思い也」（「唱法華題目鈔」定本二〇〇頁）。

（14）菊地大樹氏は、源頼朝の法華経信仰を起点として御家人の法華経受容が計られ、その信仰が主従関係の創造・強化の役割を果たしたとされた（『中世仏教の原形と展開』吉川弘文館、二〇〇七、一六六頁）。佐々木馨氏は、頼朝の死後に幕府の行事等から法華経信仰が目立たなくなると指摘された（『中世国家の宗教構造』吉川弘文館、一九八八、一一一～一二頁）。阿弥陀像の鎌倉大仏は当初、釈迦像として造像され（『吾妻鏡』一二五二〈建長四〉年八月十七日の条）、阿弥陀信仰で著名な平泉・中尊寺の最初の伽藍は法華経による「釈迦多宝二仏並座」の多宝寺だった（『吾妻鏡』一一八九〈文治五〉年九月十七日の条）。日蓮に対する次の問いは象徴的だ。「弥陀の名号は人ごとに行じ易しと思いて、日本国中に行じつけたる事なれば、法華経等の余行よりも易きにこそと申されしは如何」（「唱法華題目鈔」定本一九八頁）。また「凡そ一代聖教を披き見て、顕密二道を究め給へる様なる智者学匠だにも、近来は法華経を捨て念仏を申し候」（「月水御書」定本二八七頁）とする。

（15）「西方の国主、阿弥陀仏には心よせなれども、我国主、釈迦仏に背き奉る故に、此の国の守護神いかり給うか」（「妙法比丘尼御返事」定本一五五八頁）。

（16）「念仏停廃の事。宣旨御教書の趣き南都北嶺の状粗此くの如し。日蓮尫弱為りと雖も勅宣並に御下知の旨を守りて偏に南北明哲の賢懐を述ぶ」（「念仏者令追放宣旨御教書集列五篇勘文状」定本二二七二頁）。

（17）「いまだ法華経の題目南無妙法蓮華経と唱へよと勧めたる人なし」、「（月氏等の迦葉・阿難・馬鳴・龍樹・無著・天親、漢土の羅什・南岳・天台・妙楽など）いまだ法華経の題目をば弥陀の名号の如く勧められず。唯自身一人計り唱へ、或は経を講ずる時講師計り唱る事あり」、「妙法蓮華経の五字を一閻浮提のうち国ごと人ごとに弘むべし。例せば当時日本国に弥陀の名号の流布しつるが如くなるべきか」、「上行菩薩の出現して弘めさせ給ふべき妙法蓮華経の五字を、先立ちてねごとの様に、心にもあらず、南無妙法蓮華経と申し初て候し程に唱ふる也」（以上「妙密上人御消息」定本一一六三〜五頁）。「南無妙法蓮華経と申す事は唱へがたく、南無阿弥陀仏、南無薬師如来なんど申す事は唱へやすく」、「世間に貴しと思ふ人の只弥陀の名号計りを唱るに随て、皆人一期の間一日に六万遍十万遍なんど申せども、法華経の題目をば一期に一遍も唱へず」（以上「題目弥陀名号勝劣事」定本二九三〜四頁）。「法華経の肝心たる南無妙法蓮華経の大白法の（中略）今日本国に弥陀称名を四衆の口々に唱ふるがごとく広宣流布させ給ふべきなり」（「撰時抄」定本一〇〇七頁）などに日蓮の意図は明らかだろう。先行する釈迦念仏と日蓮の唱題の関係については本書「Ⅲ　日蓮と政治」注（48）参照。

（18）智顗による天台三大部の一つ「法華玄義」（『妙法蓮華経玄義』）で論じた。中国・日本天台宗の教義の中核である。日蓮も「玄義には、名体宗用教の五重玄を建立して、妙法蓮華経の五字の功能を判釈す」（「聖愚問答鈔」定本三九〇頁）としている。

（19）「釈尊の因行果徳の二法は妙法蓮華経の五字に具足す。我等此五字を受持すれば自然に彼因果の功徳を譲り与へたまふ」（「如来滅後五五百歳始観心本尊抄」定本七一一頁）。さらに日蓮は法華経こそが諸仏をうみ、諸経の根源だとして法華経題目の五字の功徳を強調した。「法華経は四十余年の諸経を一経に収めて、十方世界の三身円満の諸仏をあつめて、釈迦一仏の分身の諸仏と談ずる故に、一仏一切仏にして妙法の二字に諸仏皆収まれり。故に妙法蓮華経の五字を唱うる功徳莫大なり。諸仏諸経の題目は法華経の所開なり妙法は能開なりとしりて法華経の題目を唱うべし」（「唱法華題目鈔」定本二〇三頁）。

(20) 日蓮は「称名の行を停廃せん」として念仏者追放宣旨・将軍家下知状など念仏禁制の公文書を周知しようと努め（「念仏者令追放宣旨御教書集列五篇勘文状」定本二二五八〜七二頁）、「立正安国論」においても「如かず彼の万祈を修せんより此の一凶を禁ぜんには」（定本二一七頁）、「早く天下の静謐を思わば、須らく国中の謗法を断つべし」（定本二二三頁）と訴えた。

(21) 前掲注（18）参照。五時八教の教判などがある。

(22)「二乗作仏・久遠実成は法華経の肝用」（「小乗大乗分別抄」定本七七〇頁）。「諸大乗経は、いまだ一代の肝心たる一念三千の大綱骨髄たる二乗作仏久遠実成等をいまだきかず」（「開目抄」定本五七一頁）。

(23) 日蓮の認識を例示する。「女人は一代五千七千余巻の経経に、仏にならずときらはれましま す。但法華経ばかりに、女人仏になると説かれて候」（「日眼女釈迦仏供養事」定本一六二四頁）。「日本一切の女人は法華経より外の一切経には女人成仏せずと嫌ふ」（「千日尼御前御返事」定本一五四一〜二頁)。「華厳経には『女人は地獄の使なり仏の種子を断ず外面は菩薩に似て内心は夜叉の如し』と云へり。銀色女経には三世の諸仏の眼は抜けて大地に落るとも、法界の女人は永く仏になるべからずと見えたり。又経に云く、女人は大鬼神なり。能く一切の人を喰ふと。竜樹菩薩の大論には一度女人を見れば永く地獄の業を結ぶと見えたり」(「法華初心成仏抄」定本一四二八頁)。「日蓮法華経より外の一切経をみ候には、女人とはなりたくも候はず」(「四条金吾殿女房御返事」定本八五六頁)。

(24)「一念三千の仏と申すは法界の成仏と云ふ事にて候ぞ」(「船守弥三郎許御書」定本二三一頁)。「草木成仏とは非情の成仏なり」、「法界は釈迦如来の御身に非ずと云ふ事なし」(以上「草木成仏口決」定本五三二〜三頁)。「世間の法が仏法の全体」(「事理供養御書」定本一二六三頁)。

(25)「如来寿量品第十六」のほか「常不軽菩薩品第二十」では威音王仏・不軽菩薩・釈迦の法華経布教の連続性が明かされる。また「化城喩品第七」でも大通智勝仏・十六王子・釈迦による法華経布教が説かれる。「大通智勝仏法華経を説き畢《おわ》らせ給て(中略)三千塵点劫をへたり(中略)今日釈迦如来の法華経を説き給ふ」(「唱法華題目鈔」定本一八五頁)。

(26)「念仏無間地獄抄」では『善導和尚類聚伝』を引用して善導の最期を記す。「所居の寺の前の柳の木に登て、自ら頸をくくりて身を投げ死し畢ぬ（中略）三月十七日くびをくくりて飛たりける程に、くくり縄や切れけん、柳の枝や折れけん、大旱魃の堅土の上に落て腰骨を打折て、二十四日に至るまで七日七夜の間、悶絶躄地しておめきさけびて死畢ぬ」（定本三一七～八頁）。

（27）「当体義抄」定本七六七頁。「南岳大師云く南無妙法蓮華経云々。天台大師云く稽首南無妙法蓮華経云々（中略）文殊師利菩薩・南無妙法蓮華経と唱へたり」（「内房女房御返事」定本一七八五頁）。

（28）「撰時抄」定本一〇四八頁。「念仏と申すは、雙観経・観経・阿弥陀経の題名なり。権大乗経の題目の広宣流布するは、実大乗経の題目の流布せんずる序にあらずや」（同前）。「正像二千年の間は題目の流布の時に当らざるか（中略）いまだ本門の肝心たる題目を譲られし上行菩薩、世に出現し給はず。此の人末法に出現して、妙法蓮華経の五字を一閻浮提のうち国ごと人ごとに弘むべし。例せば当時日本国に弥陀の名号の流布しつるが如くなるべきか」（「妙密上人御消息」定本一一六四～五頁）。

（29）「松野殿後家尼御前御返事」定本一六三〇頁。

（30）「松野殿御消息」定本一一四〇頁。「いまだ法華経の題目南無妙法蓮華経と唱へよと勧めたる人なし（中略）唯自身一人ばかり唱へ、或は経を講ずる時講師ばかり唱る事あり。然るに八宗九宗等、その義まちまちなれども、多分は弥陀の名号、次には観音の名号、次には釈迦仏の名号、次には大日・薬師等の名号をば、唱へ給へる高祖先徳等はおはすれども、何なる故有りてか一代諸教の肝心たる法華経の題目をば唱へざりけん」（「妙密上人御消息」定本一一六三〜四頁）。

（31）前掲注（26）参照。「念仏宗の長者なる善慧・隆観・聖光・薩生・南無・真光等みな悪瘡等の重病を受て臨終に狂乱して死するの由これを聞き又これを知る。それ已下の念仏者の臨終の狂乱その数を知らず」（「当世念仏者無間地獄事」定本三一三頁）。

（32）代表的な論考に日寛（一六六五－一七二六）の「三重秘伝抄」「文底秘沈抄」がある。日蓮の遺弟六人の一人である日興（一二四六－一三三三）は、日蓮が死に際して「五字を紹継するが為に六人の遺弟を定めたもう」と記した。また他の五人から日興は「何ぞ天台一宗の外に胸臆《きょうおく》の異議を構えんや」と批判され、「本門五字の肝要は上行菩薩の付嘱なり誰か胸臆なりと称せんや」と反論する。妙法蓮華経の五字が釈迦の末法に託されたことは経文からも明らかであり、それが日蓮から弟子に託されたものだとしている（「五人所破抄」〈『富士宗学要集　第二巻宗義部（一）』堀日亨編、創価学会、一九七五、一〜三頁）。

（33）日蓮が門下に提示した密教的解釈を象徴する論考に「三大秘法稟承事」がある。「寿量品の本尊と戒壇と題目の五字」は釈尊の秘法であり、この三大秘法を「日蓮慥かに教主大覚世尊より口決相承せしなり」として、「予年来己心に秘す」、「一見の後秘して他見有る可からず。口外も詮なし」、「秘す可し秘す可し」と太田乗明に送った（定本一八六二～六頁）。最蓮房にも「問て云く　末法に於る流布の法　名目如何。答て云く　日蓮の己心相承の秘法　此答に顕すべきなり。所詮南無妙法蓮華経是なり」（「十八円満抄」定本二一四三頁）。他の書簡からも太田・最蓮房が密教に精通していたことは明らかである。ここで示された秘法および三大秘法については後述する。

(34)「善無畏三蔵抄」定本四六六頁。「法華経の題目南無妙法蓮華経の五字」（「高橋入道殿御返事」定本一〇八五頁）。

(35)「如来滅後五五百歳始観心本尊抄」定本七一九～二〇頁。

(36)「法華取要抄」（定本八一五頁）。

(37) この点の日蓮の認識を例示する。「法華経と申すは三世十方の諸仏の父母なり」、「諸仏の御本尊とし給う法華経」（「上野殿母尼御前御返事」定本一八一四～五頁）。「此等の仏は皆法華経より出生せり」（「諫暁八幡抄」定本一八四一頁）。「法華経は東方の薬師仏の主、南方西方北方上下の一切の仏の主なり。釈迦仏等の仏の法華経の文字を敬ひ給ふことは、民の王を恐れ、星の月を敬ふが如し」(「浄蔵浄眼御消息」定本一七六八頁)。「三世十方の仏は必ず妙法蓮華経の五字を種として仏に成り給へり」(「秋元御書」定本一七三一頁)。「三世の諸仏と一心と和合して妙法蓮華経を修行し障り無く開悟す可し」(「三世諸仏総勘文教相廃立」定本一七〇五頁)。「一切の諸仏、尽十方世界の微塵数の菩薩等も、皆悉く法華経の妙の一字より出生し給へり」(「千日尼御前御返事」定本一五九七頁)。「釈迦大日総じて十方の諸仏は法華経より出生し給へり。故に今能生を以て本尊とするなり」、「仏は所生・法華経は能生、仏は身なり、法華経は神《たましい》なり」(「本尊問答抄」定本一五七四~五頁)。

(38)「末法の始の五百年に上行菩薩の出世して弘め給ふべき法門」(「新池御書」定本二一二五頁)。「只妙法蓮華経の七字五字を日本国の一切衆生の口に入れんとはげむ計りなり」(「諫暁八幡抄」定本一八四四頁)。「法華経流布の時二度これ有るべし。所謂在世の八年、滅後には末法の始の五百年なり」(「上行菩薩結要付属口伝」定本二三三二頁)。

(39)「立正安国論」(定本二〇九頁)に「天台沙門日蓮勘之」と記した写本があり、またその際の予言が的中し、元寇が迫った時も「日蓮復之を対治するの方之を知る。叡山を除いて日本国には但一人なり」(「安国論御勘由来」定本四二三頁)と述べる。「法華題目抄」には「根本大師門人　日蓮　撰」(定本三九一頁)とある。根本大師は伝教大師最澄を指す。

（40）「むかし過去の威音王仏の像法に大乗を知る者一人も無かりしに、不軽菩薩出現して教主説き置き給ひし二十四字を一切衆生に向て唱えせしめしがごとし。（中略）彼は二十四字の下種、これは唯五字なり。得道の時節異りと雖も成仏の所詮は全体これ同じかるべし」（「教行証御書」定本一四八〇頁）。「仏の出世は霊山八年の諸人の為に非ず（中略）末法の始め予が如き者の為なり」（「如来滅後五五百歳始観心本尊抄」定本七一九頁）。「上行菩薩の出現して弘めさせ給ふべき妙法蓮華経の五字を、先立てねごとの様に、心にもあらず、南無妙法蓮華経と申し初て候し程に唱ふるなり」（「妙密上人御消息」定本一一六五頁）。また一二七三（文永十）年五月の「顕仏未来記」には「彼の二十四字と此の五字と其の語殊なりと雖も其の意これ同じ。彼の像法の末と是の末法の初と全く同じ」（定本七四〇頁）との表現と「安州の日蓮は恐らくは三師（釈迦・天台・伝教、著者注）に相承し法華宗を助けて末法に流通す。三に一を加えて三国四師と号く」（定本七四三頁）との表現が並存するが、同年七月の「土木殿御返事」には「恐らくは伝教・天台にも超え竜樹・天親にも勝れたるか」（定本七四四頁）とあり、当時の日蓮の自己規定・表現の変化が読み取れる。

（41）「四条金吾殿御返事」定本六六一頁。「国主の用ひ給はざらんに其れ已下に法門申して何かせん。申したりとも国もたすかるまじ。人も又仏になるべしともおぼへず」（「下山御消息」定本一三三五頁）。「伝教大師は南都七大寺讒言せしかども、桓武・平城・嵯峨の三皇用ひ給しかば、怨敵もおかしがたし。今日蓮は日本国十七万一千三十七所の諸僧等のあだするのみならず、国主用ひ給はざれば、万民あだをなす」（「神国王御書」定本八九〇頁）。「今の国主も又是くの如し。現世安穏後生善処なるべき此の大白法を信じて国土に弘め給はば、万国に其の身を仰がれ、後代に賢人の名を留め給ふべし」（「法華初心成仏抄」定本一四二二頁）。

（42）「立正安国論」には「国亡び人滅せば仏を誰か崇む可き。法を誰か信ず可きや。先ず国家を祈って須らく仏法を立つべし（中略）謗法の人を禁めて正道の侶を重んぜば国中安穏にして天下泰平ならん」（定本二二〇頁）とある。

（43）「昼夜朝暮に弥陀念仏を申す人は、薬はめでたしとほめて朝夕毒を服する者の如し。或は念仏も法華経も一なりと云はん人は、石も玉も上臈も下臈も毒も薬も一なりと云はん者の如し」（「法華初心成仏抄」定本一四一四頁）。

（44）「月水御書」定本二八七頁。

（45）「題目弥陀名号勝劣事」定本二九四頁。

（46）「教機時国抄」定本二四二頁。

（47）「当時南無阿弥陀仏の人々、南無妙法蓮華経の御声の聞えぬれば、或は色を失ひ、或は眼を瞋らし、或は魂を滅し、或は五体をふるふ」(「内房女房御返事」定本一七八七〜八頁)。

(48)「法華経勧持品第十三」で説かれる。

(49)「法華経の第五の巻勧持品の二十行の偈は、日蓮だにも此国に生れずは、ほとをど(殆)世尊は大妄語の人(中略)数々見擯出《けんひんずい》等云々、日蓮法華経のゆへに度々ながされずば数々の二字いかんがせん。此の二字は天台伝教もいまだよみ給はず。況や余人をや。末法の始のしるし、恐怖悪世中の金言のあふゆへに、但日蓮一人これをよめり」(「開目抄」定本五五九〜六〇頁)。

(50)「下山御消息」定本一三四三頁。

(51)一二七〇(文永七)年当時の日蓮の認識は次の通り。「御本尊を崇めんとおぼしめさば必ず先ず釈尊を木画の像に顕わして御本尊と定めさせ」(「善無畏三蔵鈔」定本四六九頁)。

(52)日蓮は自身のことを「南無妙法蓮華経の法華経の行者」(「神国王御書」定本八九三頁)と述べる。密教の法華曼荼羅の影響については本書「Ⅲ　日蓮と政治」注(58)参照。

(53)「此(真言)の大悪法又かまくらに下て御一門をすかし、日本国をほろぼさんとするなり。此の事最大事なりしかば弟子等にもかたらず、只いつはりをろかにて念仏と禅等計りをそしりてきかせしなり」(「高橋入道殿御返事」定本一〇九〇頁)。日蓮の真言批判に変遷がある点は後述する。

（54）前掲注（1）『代表的日本人』一七六頁。

（55）前掲『代表的日本人』一七七頁。

（56）「即身成仏の手本たる法華経をば指《さし》をいて、あとかたもなき真言に即身成仏を立て」（「大田殿女房御返事」定本一七五七頁）。「善無畏三蔵が震旦に来て後、天台の止観を見て智発し、大日経の『心の実相』『我は一切の本初なり』の文の神《たましい》に天台の一念三千を盗み入れて真言宗の肝心として、其の上に印と真言とをかざり」（「開目抄」定本五七九頁）。

（57）「真言の三部経と法華経とは、所詮の理は同じく一念三千の法門なり。しかれども密印と真言等の事法は法華経にかけてをはせず。法華経は理秘密、真言の三部経は事理倶密なれば天地雲泥なり」（「撰時抄」定本一〇四三頁）。「法華経は但意密計りにて身口の二密欠け」（「善無畏鈔」定本四〇九頁）。「印真言なきは其の仏を知るべからず」（「法華真言勝劣事」定本三〇四頁）。

（58）「報恩抄」において日蓮は慈覚大師（七九四－八六四、第三代天台座主・円仁）が得た宣旨「天台の止観と真言の法義とは理冥に符えり」と、智証大師（八一四－九一、第五代天台座主・円珍）が得た勅宣「真言・止観の両教の宗は同じく醍醐と号し倶に深秘と称す」を引用するとともに、慈覚・智証が真言と天台とは教理は同じ（理同）と主張したから、天台宗の人々は画像木像の開眼仏事のために印と真言で勝る（事勝）とした真言宗におち、天台宗は一人もいなくなったと述べた（定本一二一三〜七頁）。

（59）不空（七〇五－七四）が竜樹作と称した「菩提心論」に「文証も現証もあとかたもなき真言経に即身成仏を立て」、これを弘法が「竜猛千部の中の第一肝心の論」としたと日蓮は批判する（「撰時抄」定本一〇二二頁）。この「菩提心論」について日蓮は不空が竜樹作と偽った偽書であると断じたが、現代では「作者は竜猛（竜樹）、訳者は不空と伝えられているものの、中国撰述と考えるのが妥当」とされており、日蓮の指摘が正しかったことになる（『仏教辞典第二版』岩波書店、二〇〇二、九二四頁）。

（60）不空訳の法華経には印と真言がある一方で羅什訳の法華経には印と真言がなく、仁王経でも不空訳は印と真言があり羅什訳はないなど、印と真言の有無は経の勝劣を論じるうえで安定した基盤がないばかりか法華経に説かれる二乗作仏・久遠実成と比べれば枝葉の議論に過ぎないと日蓮は述べる。そして「印は手の用、真言は口の用なり。其の主が成仏せざれば口と手と別に成仏す可きや」と飛躍した論理で反詰する（「真言見聞」定六五四〜六頁、「聖密房御書」定本八二三頁）。ここに印・真言に関する議論の足場の悪さは明らかだ。同様に日蓮は秘法・秘密についても、二乗作仏・久遠実成を説いた法華経こそ「秘密経」だと述べ、法華経を「顕教」とするのは大謗法だと批判する（「真言見聞」定本六五四頁）。

(61) 日朗・日興・日持に対して日蓮が阿闍梨号を授けた時期について高木豊氏は、日朗は一二七八（弘安元）年六月から同二、三年までの間とし、日興は一二八二（弘安五）年二月から五月、日持はそれ以前であろうとされた（『日蓮とその門弟』弘文堂、一九六五、五七頁）。また「教行証御書」の宛名に「三位阿闍梨御房に之を遣す」（定本一四八九頁）とあることから、三位房は遅くとも一二七八（弘安元）年三月には阿闍梨号を受けていたとわかる。

(62) 本書「Ⅲ　日蓮と政治」注（60）参照。

(63) 最蓮房への授戒について日蓮は次のように記す。「貴辺に去る二月のころより大事の法門を教へ奉りぬ。結句は卯月八日夜半寅の時に妙法の本円戒を以て受職灌頂せしめ奉る者なり。此の受職を得るの人いかでか現在なりとも妙覚の仏を成ぜざらん」（「最蓮房御返事」定本六二四頁）。受職灌頂とは伝法灌頂・阿闍梨灌頂ともいい師弟相承を示す最上の密教儀式である。この書簡は佐渡で一二七二（文永九）年四月十三日に最蓮房に与えられ、冒頭、「夕さりは相構へ相構て御入り候へ。得受職人功徳法門委く御申し候はん」とある。受戒直後に日蓮を訪問する最蓮房へ、その功徳について詳細を話しましょうと綴っている。当時、日蓮は塚原から一の谷に移っていたと考えられる。日蓮が授戒した「本円戒」については「本門の戒」「具足の妙戒」「金剛宝器戒」として次の解説が残る。「法華経の本門の肝心妙法蓮華経は、三世の諸仏の万行万善の功徳を集めて五字と為せり。此の五字の内に豈に万戒の功徳を納めざらんや。但し此の具足の妙戒は一度持って後、行者破らんとすれど破れず。是を金剛宝器戒と申しけん（中略）是の如くいみじき戒なれば、爾前迹門の諸戒は今一分の功徳なし。功徳無らんに一日の斎戒も無用なり。但し此の本門の戒を弘まらせ給はんには、必ず前代未聞の大瑞あるべし」（「教行証御書」定本一四八八頁）。

(64) 日蓮は末法における戒について伝教の「末法の中に持戒の者有らば是れ怪異なり。市に虎有るが如し。此れ誰か信ず可き」を引いて無戒を説き、「壇戒等の五度を制止して一向に南無妙法蓮華経と称せしむ」と述べて布施・戒・忍辱・精進・静慮の修行も唱題に集約されるとした（「四信五品抄」定本一二九六〜八頁）。

(65) 日蓮は、戒壇は世を治めるものだとして次のように記す。「法華経の円頓の大戒壇を叡山に建立して代を治めたり。所謂伝教大師、日本三所の小乗戒並に華厳三論法相の三大乗戒を破失せし是なり」（「下山御消息」定本一三二六頁）。

(66) 本書「Ⅲ　日蓮と政治」「熱原法難と『日蓮一門』の強調」参照。

(67) 日蓮のいう秘法・秘密の実態は、法華経本門が実は末法のために説かれたものであってその真意は伏せられてきたという点にある。「報恩抄」では天台・伝教が弘通しなかった正法はあるかとの問を立て、「三あり。末法のために仏留め置き給ふ」、「一には本門の教主釈尊を本尊とすべし」、「二には本門の戒壇」、「三には他事をすてて南無妙法蓮華経と唱ふべし」と述べる（定本一二四八頁）。「法華取要抄」では末法に残した秘法は何かとの問を立て、「本門の本尊と戒壇と題目の五字」と答えてこれを「建立すべき」「本門の三つの法門」とした（定本八一五〜八頁）。「曾谷入道殿許御書」では寿量品で四大菩薩に付属した法は何かとの問を立て、「妙法蓮華経の五字」であるとしてこれを「一大秘法」と述べる（定本九〇二頁）。また「四条金吾殿御返事」でも題目の五字は末法のためであり「真実一切衆生色心の留難を止むる秘術は唯南無妙法蓮華経なり」（定本一三八六頁）とした。いずれも釈迦仏の末法で弘通すべき五字・七字の法華経が正法・像法時代に明らかにされなかった点を秘法・秘術と表現している。しかも日蓮が秘法を論じ始めるのは佐渡流罪以降である。流罪以前も日蓮は変わらずに題目の流布をしている。にもかかわらず当時はこれを秘法と強調しなかった。それは何故なのか。佐渡流罪によって勧持品二十行の偈を身読したとする日蓮がその立場から翻って釈迦の法華経を解釈し、いま弘めている五字・七字の法華経を末法に託された秘法と定義し直したからである。したがって佐渡後に「教主釈尊の一大事の秘法を霊鷲山にして相伝し、日蓮が肉団の胸中に秘して隠し持てり」（「南条兵衛七郎殿御返事」定本一八八四頁）という釈尊と日蓮の関係を端的に示した一文が誕生するのであって、この認識は佐渡以前の日蓮からはまったくうかがえない。「三大秘法禀承事」（定本一八六二〜六頁）にみられる「涌出品まで秘せさせ給ひし実相証得の当初修行し給ひし処の寿量品の本尊と戒壇と題目の五字」、「三大秘法は二千余年の当初、地涌千界の上首として、日蓮慥《たし》かに教主大覚世尊より口決相承せしなり。今日蓮が所行は霊鷲山の禀承に芥爾計りの相違なき、色も替はらぬ寿量品の事の三大事なり」、「法華経を諸仏出世の一大事と説かせ給ひて候は、此三大秘法を含めたる経にて渡らせ給へばなり」なども、主旨はこれまでみた他書と変わるところがない。ただ本書が際立っているのは「秘す可し秘す可し」との結語が象徴するように密教的な表現が多用されている点である。これは書簡を受ける太田乗明が密教に造詣深く心惹かれている点を日蓮が強く意識した結果であろう。同様の表現は「日蓮の己心相承の秘法此の答に顕すべきなり所謂南無妙法蓮華経是なり」（定本二一四三頁）などと記した最蓮房宛ての書簡にも多いが、その理由も最蓮房の密教素養に求めて矛盾はない。

(68)「神国王御書」定本八八一頁、「三三蔵祈雨事」定本一〇六八頁、「報恩抄」定本一二三六頁、「下山御消息」定本一三二九頁、「頼基陳状」定本一三五九頁、「本尊問答鈔」定本一五八二頁、「諫暁八幡抄」定本一八四二頁。

(69)「種種御振舞御書」定本九七九頁。

(70) 中尾堯『日蓮』(吉川弘文館、二〇〇一)四二頁。本書「Ⅱ 日蓮と将軍家」注(37)参照。

(71) 田村完爾「虚空蔵菩薩求聞持法」『事典 日本の仏教』[前掲注(7)]一三七頁。

(72) 南都僧と天台僧が問答して判定を下す宮中の最勝講を頂点とする論義会は、朝廷により一〇〇五(寛弘二)年頃から恒例化し、院政期には天台顕教僧の僧綱への昇進ルートとなっていた。特に天台論義の基礎には経論の本文を論じ、他宗の教義を攻めて天台宗の正義を立てる義科があった[上島享「中世の法会」、山口興順「論義」『事典 日本の仏教』前掲注(7)二四一~五一頁]。他宗僧との問答を基本とした日蓮の著作類からは、この論義の修練がうかがえる。

(73) 日蓮は他僧から「日蓮阿闍梨御房」と称されていた(「十住毘婆沙論尋出御書」定本八八頁、「行敏御返事」定本四九七頁)。

(74)「叡山の仏法は但だ伝教大師・義真和尚・円澄大師の三代計りにてやありけん。天台の座主すでに真言の座主にうつりぬ」(「報恩抄」定本一二一七頁)。

(75) 日蓮は「予も始めは大日に憑(たの)みをかけ密宗に志を寄す」(「聖愚問答鈔」定本三六

五頁）と明かす。その日蓮の密教批判、特に天台宗批判がどのような経過を辿ったかを記す［過去の研究史については前掲注（61）『日蓮とその門弟』一八〇頁〈注一九〉参照］。真言宗批判は早い時期に現れるが、天台真言（法華真言）批判は遅れる。

一二五一（建長三）年に日蓮が書写した「五輪九字明秘密義釈」（定本二八七五頁）は真言僧覚鑁が浄土教の密教的理解を提示した真言密教の重書だった。一二五五（建長七）年「諸宗問答抄」では「先ず真言三部経は大日如来の説か釈迦如来の説かと尋ね定めて」（定本三一頁）せめるようにと教授する。一二五九（正元元）年「守護国家論」では法華・涅槃・大日経が二乗作仏を許すとして「法華真言の直道」（定本八九頁）と述べる。一二六二（弘長二）年の「顕謗法抄」では東寺真言（真言宗）と天台真言（天台宗）に分け、天台真言については「心中には法華経は諸経に勝れたりと思えども、且く違して法華経の義を顕さんとをもひて、これをはする事あり」（定本二六一頁）とその法華経批判を擁護する。一二六四（文永元）年の「御輿振御書」では叡山の中堂炎上に触れ「山門繁昌の為に是くの如き留難を起すか」（定本四三八頁、執筆年に一二六九〈文永六〉年説あり）と叡山の興隆を望み、同年の「法華真言勝劣事」でも真言批判を展開して天台座主の慈覚・智証には触れるが「此の義は最上の難の義なり」（定本三一〇頁）と正面からの批判を避ける。一二六七（文永四）年「星名五郎太郎殿御返事」でも「真言の邪義を以て一実の正法を謗ず」（定本四一五頁）と真言批判に限っていて天台宗には踏み込まない。一二六八（文永五）年の「安国論御勘由来」でも「代を挙げて念仏者と成り、人毎に禅宗に趣く。存の外に山門の御帰依浅薄なり。国中の法華真言の学者棄て置かせられ了んぬ」、「日蓮復之を対治するの方之を知る。叡山を除いて、日本国には但一人なり」（定本四二三頁）として天台真言を是とする。こうした日蓮の態度に大きな変化が現れる。一二六九（文永六）年の「法門可被申様之事」で「座主等の高僧名を天台宗にかりて一向真言宗によて法華宗を下ぐるゆへに叡山皆謗法になり（中略）此の法門はいまだ教えざりき（中略）仏法の滅不滅は叡山にあるべし。叡山の仏法滅せるかのゆえに異国我が朝をほろぼさんとす」（定本四五一〜三頁）として、天台宗批判に踏み込む。これは前年の蒙古からの国書による脅威の切迫と「立正安国論」での予言の的中、にもかかわらず十一通書が無視され、真言・天台の祈祷が盛んな時勢に対する日蓮の危機感と自信の表れとみていい。佐渡配流後の一二七二（文永九）年四月の「最蓮房御返事」には「東寺の弘法・園城寺の智証・山門の慈覚・関東の良観」を併記して「邪悪の師」（定本六二二頁）としたが、その後も批判の度を強め弘法・慈覚・智証の三大師批判へと発展していく。更に一二七五（建治元）年の「撰時抄」では念仏宗・禅宗・真言宗を「災いの三大事」と非難した後で「これよりも百千万億倍信じがたき最大の悪事はんべり」（定本一〇四〇頁）と述べて慈覚を攻撃し、以降も天台宗への批判が先鋭化していく。

（76）「中世における顕密体制の展開」（『日本中世の国家と宗教』岩波書店、一九七五）。

（77）大屋徳城氏は、すでに平安期に八宗が全く密教になったと指摘された（「平安期に於ける三大勢力の抗争と調和」『日本仏教史の研究』二、一九二九）。黒田氏はこれを踏まえた上で、「天台宗が顕密体制の代表的存在であった」［前掲注（76）四四五頁］とされた。日蓮の認識を示す。「今日本国の八宗並びに浄土・禅宗等の四衆上主上上皇より下臣下万民に至るまで皆一人も無く弘法・慈覚・智証の三大師の末孫壇越なり」（「富木殿御書」定本一三七三頁）。

（78）「建長五年より今年文永七年に至るまで、十七年が間是を責めたるに、日本国の念仏大体留まり了ぬ。眼前に是れ見えたり」（「善無畏三蔵鈔」定本四六五頁）。

（79）「桓武・平城・嵯峨の三代・二十余年が間は日本一州皆法華経の行者なり（中略）伝教大師の御存生の御時は、いたう法華経に大日経すぐれたりといふ事はいはざりけるが、伝教大師去ぬる弘仁十三年六月四日にかくれさせ給ひてのち、ひまをえたりとやをもひけん、弘法大師去る弘仁十四年正月十九日に、真言第一・華厳第二・法華第三・法華経は戯論の法、無明の辺域、天台宗等は盗人なりなんど申す書どもをつくりて、嵯峨の皇帝を申しかすめたてまつりて、七宗に真言宗を申しくはえて、七宗を方便とし、真言宗は真実なりと申し立て畢んぬ。其の後・日本一州の人ごとに真言宗になりし」(「曾谷殿御返事」定本一六六一頁)。

(80)「日蓮は此関東の御一門の棟梁なり」(「佐渡御書」定本六一三頁)。

(81)「賢王の時は、仏法をつよく立つれば、王両方を聞きあきらめて勝れ給う智者を師とせしかば、国も安穏なり。所謂陳・隋の大王、桓武・嵯峨等は天台智者大師を南北の学者に召し合せ、最澄和尚を南都の十四人に対論せさせて論じかち給いしかば、寺をたてて正法を弘通しき」(「妙法比丘尼御返事」定本一五六一頁)。最澄と南都一四人の対論は、桓武天皇が八〇二(延暦二十一)年一月十九日に高峰寺で開催し、負けた一四人は承伏の謝表を天皇に奉ったという(「報恩抄」定本一二〇八頁)。

(82)「天台大師は陳の世に大旱魃あり、法華経をよみて須臾に雨ふり(中略)弘仁九年の春大旱魃ありき。嵯峨の天王、真綱と申す臣下をもって冬嗣のとり申されしかば、法華経・金光明経・仁王経をもって伝教大師祈雨ありき。三日と申せし日、ほそき雲ほそき雨しづしづと下り」(「三三蔵祈雨事」定本一〇六八頁)。

(83)「日本第一之権状にもをこなわれ、現身に大師号もあるべし。定んで御たづねありて、いくさの僉義をもいゐあわせ、調伏なんども申しつけられぬらん」(「種種御振舞御書」定本九五九頁）。

（84）日蓮は現状を次のように嘆く。「真言の僻人等を重崇して国師と為ること金の如し王の如し」（「大田殿許御書」定本八五四頁）。「専ら一闡提の輩を仰いで棟梁とたのみ、謗法の者を尊重して国師と為す」（「曾谷入道殿許御書」定本九〇〇頁）。

（85）日蓮は「法華初心成仏抄」で、「法華経を以て国土を祈らば、上一人より下万民に至るまで悉く悦び栄へ給ふべき鎮護国家の大白法なり」（定本一四二二頁）として、国主は日蓮を天台・伝教の如く用いて上行菩薩の化身、釈迦如来の使いと敬い、祈祷を命じよと述べる。また諸僧が日蓮排除に動く理由について「日蓮が勘文あらわれて、大蒙古国を調伏し、日本国かつならば此の法師は日本第一の僧となりなん、我等が威徳をとろうべしと思ふかのゆへに、讒言をなす」（「中興入道御消息」定本一七一七頁）と認識していた。

（86）「与北条時宗書」定本四二五〜六頁。この文書は宛名に「謹上宿屋入道殿」とあることから、「立正安国論」がそうであったように得宗被官の宿屋左衛門尉光則（法名最信、時頼の看取りに居候した最側近）を通じて執権時宗に提出したものとされてきた。しかし日蓮は本書面を「鎌倉殿」に宛てたものだと一貫して綴っている（「与平左衛門尉頼綱書」定本四二八頁、「与建長寺道隆書」定本四三一頁、「与極楽寺良観書」定本四三二頁、「弟子檀那中御書」定本四三七頁)。一方、時宗について日蓮は「相模守殿」と記す(「与北条弥源太書」定本四三〇頁)。本書「日蓮と将軍家」でも指摘したが、日蓮は本書面を将軍に届けなかったことを憤る。したがって本書面は時宗を通じて将軍に提出したのであり、評定での審理を求めた上申文書と考えて差し支えないだろう。

(87)「何事も両方を召し合せてこそ勝負を決し御成敗をなす人の、いかなれば日蓮一人に限りて諸僧等に召し合せずして大科に行はるるらん」(「下山御消息」定本一三三二〜三頁)。「偏に国主の御尋ねなき故なり」(「弥三郎殿御返事」定本一三六八頁)。

(88)「公場ならば然るべし。私に問註すべからず」(「教行証御書」定本一四八五頁)。「大覚世尊は仏法を以て王臣に付属せり。世出世の邪正を決断せんこと必ず公場なるなり」(「強仁状御返事」定本一一二二頁)。

(89)「いのりなんどの仰せかうほるべしとをぼへ候はざりつるに、をほせたびて候事のかたじけなさ(中略)此仰せは城殿(安達泰盛)の御計ひなり」(「大学三郎御書」定本一六一九頁)。

(90)「撰時抄」定本一〇五六頁。「六宗を糾明し七寺を弟子と為して、終に叡山を建てて本寺と為し諸寺を取って末寺と為す。日本の仏法唯一門なり。王法も二に非ず。法定まり国清めり」(「四信五品抄」定本一二九九頁)。

(91)「諸人御返事」定本一四七九頁。
(92)「日蓮が法華経の智解は天台伝教には千万が一分も及ぶ事なけれども、難を忍び慈悲のすぐれたる事はをそれをもいだきぬべし。定んで天の御計らひにもあづかるべしと存ずれども、一分のしるしもなし。いよいよ重科に沈む(中略)世間の疑といゐ、自心の疑ひと申し、いかでか天扶け給わざるらん」(「開目抄」定本五五九〜六〇一頁)。
(93)「開目抄」定本六〇一頁。
(94)「破良観等御書」定本一二八三頁。
(95)「報恩抄」定本一一九二頁。
(96)「撰時抄」定本一〇五五頁。
(97)「立正安国論」定本二二四頁。

あとがき

山本周五郎の『地蔵』

山本周五郎の小説に『地蔵』があります(『ひとごろし』新潮文庫所収)。短編ではありますが、そこには周五郎の宗教観が凝縮しています。あらすじは、こうです。

——時代は平安、場所は京都六条坊門の東。盗んだ地蔵を使い、嘘八百の霊験話を高説して人々の信仰を集め、その布施や寄進で一財を得た二人の乞食盗賊がいました。ある日、二人はこの大儲けが、自分たちを差配する姉御の懐にすべて収まっていることを知り、怒ります。「真実に目覚めた」二人は、これまでの嘘のからくりを集まった聴衆に告白します。ところが地蔵信仰に染まった人々は聞く耳を持たず、逆に「地蔵の悪口を言った」といきり立ち、二人に石礫を浴びせ追い出してしまいました——

みなさんは、この話をどう思われるでしょう。「嘘八百の霊験話などにだまされる方が悪い」、「いや、そもそもだます方が悪いだろう」、「それにしても、嘘を白状している二人にいきり立っている人々の心理が理解できない」など、さまざまな感想があると思います。ただ、この小説の意外性は、「地蔵信仰に染まった人々」の態度にあることは論を待たないでしょう。だまされたことを知った人々は、当然、「この野郎、だましやがって」と石礫を浴びせるだろうと思うからです。

ところが、ここではだまされたはずの人々が、「地蔵の悪口を言った」と怒っているのです。そこには、だまされたという気付きは、まったくありません。地蔵の霊験を信じ切ってしまっています。なぜ、人々はそこまで信じてしまったのか。さぞかし巧妙な仕掛けがあるのだろう、と思って小説を読み返しても、そんな仕掛けはまったくありません。あるのは、人間心理の妙だけです。ここが、周五郎の凄みです。巧妙な仕掛けもなく、人々はいとも簡単にだまされ、しかも、だましている側の人間の告白にさえも聞く耳を持たないほど、深く信じてしまったのです。周五郎の問題意識はそこにあるようです。

他愛のないものであっても、人は、一度、信じてしまうと、容易にはそこから抜け出せない生き物である。信仰とか、宗教というものも、そうした人間の信じる性から生まれ、一度、信じ切ってしまうとその信仰を離れて見直すことは難しい、ということでしょう。

もう一つ、あります。この小説で、地蔵は悪人をこらしめるという霊験を持っています。

人殺し、強盗、放火、人さらいなどの極悪人をこらしめ、改心させます。人々は、身の毛がよだつような極悪人のこれまでの所業を固唾を飲んで聞き、それをこらしめて改心させた地蔵の力に拍手を送っているのです。どこか、勧善懲悪のドラマでも楽しんでいるような風情を感じさせます。地蔵は、人々の正義を体現しています。そして人々は、何よりその地蔵の力を信じたいのです。この描写の巧みさにも、周五郎の人間観察の機微が溢れています。

信じるという行為は、「信じたい」という人々の気持ちが先にあって、その「信じたい」という気持ちに合致した時、人ははじめて主体的に信じることができる、ということではないでしょうか。信仰とか、宗教というものも、実は、人間の「信じたい」という欲求から生まれたものだ、ということです。

人は、信じたいという欲求に合致したものに出会うと容易に信じ込んでしまい、その信仰そのものを客観視したり、さらにはその深い信仰心から抜け出すことは困難である――。これは世の古今・東西を問わない人間の性のように思います。たとえば、マリア信仰をみなさんは、どう思うでしょう。キリスト教を信じる人々が、イエス・キリストを信仰の対象とするのは理解できます。ところが、キリスト教の本来の教義とは無縁であるはずのマリアも、世界中でキリスト教徒の信仰を集めています。神の子であるイエスを産んだとされるマリアは、後世、聖母としてあがめられ、信仰の対象とされていきます。ここに、イエスを産んだかけがいのない母を称え、崇拝したいという「自然な人間の心理」が働いていることは間違いないでしょう。

人々の「信じたい」という欲求によって作られたマリア信仰は、さまざまな霊験談を生み出し、今では強固な建造物のようにそびえ立っています。いまさら、「なぜマリアを拝むのか」などと言えば、石礫で追われた二人の乞食盗賊と同じ目にあうことは火を見るより明らかです。

このような人間の性を、『サピエンス全史』の著者であるユヴァル・ノア・ハラリは人類の性だといいます。人類は約七万年前に神話などの虚構を信じるようになったことで、莫大な人々が共通の信仰のもとで協力するようになり、文明を築くことができた。「したがって、私たち人間は、虚構と現実を見分けるのが大の苦手だ」というのです。とすれば、周五郎は『地蔵』で、「人類の大の苦手」を見事に表現したといえるでしょう。

信じさせる人、信じる人

『地蔵』を通して考えておきたい大事な点が、もう一つあります。それは、原始的なアニミズムはさておき、現代の信仰とか宗教というものには「信じさせる人」と「信じる人」の二種類が存在する、ということです。当たり前だ、と笑わないでください。実は、このことに無自覚な人は意外と多いのです。

「信じさせる人」とは、いわゆる教祖とか、指導者（教師・神父）とか、師匠と呼ばれ、人々に説法・説教し、人々を導く存在です。一方で「信じる人」とは、一般に弟子とか信徒と呼ばれ、教祖や指導者に導かれる存在です。『地蔵』では二人の乞食盗賊が「信じさせる人」で、聴衆が「信じる人」です。信仰や宗教を「使う人」「使われる人」に言い換えてもいいかもしれません。この二種類の人のどちら側から信仰や宗教を見るかで、実は信仰や宗教はまったく違う姿をもって立ち現れます。

ずいぶんと前置きが長くなってしまいました。なぜ、これほどの紙幅を割いて、前置きを書いてきたかというと、本書は、「信じる人」の側からは見えてこない「信じさせる人」の実像に迫ろうとした論考だからです。そのため、人物像ばかりではなく、その教義・信仰の客観化にも学術的に挑戦しました。

たとえば釈迦は、明らかに「信じさせる人」として教えを説いています。しかし、人々は自分が「信じたい」と思う教えには素直に従い、その教えを信じるけれども、「信じたくない」話は、たとえ釈迦の教えであっても耳をふさいで聞こうとしません。釈迦の「信じさせる人」としての苦悩は、ここにあります。都合の悪い教えに耳をふさぐ人々を、どうやって導くか。これが釈迦の長年の課題でした。

釈迦が、この苦悩を乗り越えて「信じさせる人」として初めて、これまでの説法の真の目的を明らかにしたのが「法華経」です。特に「法華経」の第二章である「方便品」では、「信じさせる人」である釈迦の苦悩と知恵がいかなるものであったかが端的に説かれます。と同時に「信じる人」である釈迦の弟子たちは、あくまでも「信じる人」の立場から抜け出せず、煩悶します。なかには耳をふさいで立ち去る人々まで現われます。ここには「信じさせる人」と「信じる人」の絶対的な隔絶が、ものの見事に表現されています(1)。

「仏とは、信じさせる立場の人なのだ」と釈迦は繰り返し伝えます。ところが弟子たちは、釈迦は特別な何かを「悟った人」だと思っているのです。そして、自分も特別な何かを「悟りたい」と願うのです。そう思うのも無理はありません。なぜなら、以前に釈迦自身が自らを「悟った人」だと言っていたからです。しかしそれは「特別な悟り」を「信じたい」人々に対して、そう説いてきたにすぎないのです。「信じたい」欲求にしたがって教えを説く以外、人々を信じさせることができないからです。

方便品で初めて明かされる「信じさせる人」の立場は、それを読む私たちに、自分は「信じさせる人」の立場に立てるのか、それとも「信じる人」の立場から出られないのか、をストレートに問いかけてきます。

釈迦の悟りは、実は「万人は同じく仏になれる」という一点だけです。その一点の深みと重みを、単に観念的にではなく、体験的に理解することなくして、釈迦を「ほかに特別な悟りを得た仏だ」と思うのであれば、その人はどのような理屈で胡麻化そうとも「信じる人」の代表である舎利弗と同じ悶絶を味わうに違いありません。なぜならその人は、自分は他人とはちがう特別な悟りを得た「特別な存在になりたい」という優越欲求を、釈迦に投影しているにすぎないのです。それは「なんとかして人々を仏にしたい」と苦悶する釈迦とは異質で、交わることがないからです。(2) 日本実業界の父とされる渋沢栄一は『論語と算盤』で、本来は万人に向けて説かれた孔子の教えを、学者たちがあえて難解にして庶民から遠ざけたと憤っています。そして「このような学者は、孔子には邪魔ものだ」と糾弾しました。本質を突く至言です。

同様のことは日蓮についてもいえると思います。日蓮は「信じさせる人」です。そこには、釈迦と同じように門下一人ひとりの状況にあわせて「信じる人」を導く方便の知恵があります。

日蓮の苦悩

日蓮が目指したのは、釈迦仏法の滅びた末法に、改めて日蓮が興した五字・七字の法華経信仰を時の為政者が信じ、庇護し、日蓮を頂点とした仏教界の再編を果たして日本を安泰にすることでした。ところが、その目標の質が途中で大きく変容します。

二度目の流罪である佐渡流罪は、日蓮自身、当初は想定していなかった仏法上の立場に日蓮を引き上げたのです。このことで「信じさせる人」として、二種類の日蓮が存在することになります。これは、ある意味で「法華経」以前の釈迦と「法華経」以後の釈迦を類推させるものです。釈迦と同様、この違いを当時の日蓮のどれだけの弟子・門下が理解していたか、推して知るべしではないでしょうか。「信じる人」の強固な信仰の目には「信じさせる人」の変化は映らなかったに違いありません。そして日蓮自身、二種類の日蓮をあえて強硬に説示することを避けているように思えます。それこそが「信じさせる人」の苦悩です。「信じる人」を置き去りにはできないのです。

日蓮の死後、六老僧と呼ばれた高弟たちは、それぞれの道を進み、日蓮が生きていた時代のようにまとまることはありませんでした。なぜ、そうなってしまったのか。一番大きな理由は、それぞれが抱く日蓮像が違っていたからでしょう。

日蓮は「信じさせる人」として、数多くの日蓮像を示して「信じる人」の欲求に応えてきました。ある時は厳師となり、弾圧にひるむ門下を激烈な言葉で震え上がらせ、ある時は慈父となり、最愛の子を失った母の心のひだに分け入って共に涙を流し、これでもかと励まし続けます。

佐渡流罪によって、日蓮自身の立ち位置がそれまでと大きく変わった後も、それを理解できない弟子たちには決して無理をしませんでした。この時点では、すでに不要であったはずの釈迦如来の仏像も、以前と変わらずに護持していました。高弟たちのなかに、日蓮の死後も「我々の仏法上の立場は、天台の弟子である」と公言し、釈迦像を本尊とする者がいたことも不思議ではありません。実際、日蓮自身がそのように表明していた時期があるのですから、その時代に「信じる人」として日蓮とともに弾圧に耐えた弟子たちには、それ以外の日蓮の立場は目に入らなくて当然だったと思います。「群盲、象を評す」といわれるように、「信じさせる人」の立場にならなくては、釈迦であれ、日蓮であれ、その

教説の全体像と真意はつかみようがないのです。(3)

「南無妙法蓮華経は、日蓮独自の悟りである」と信じている人は多くいます。また「南無妙法蓮華経は、数多く唱えれば唱えるほど功徳が大きい」と信じている人もいます。しかし、日蓮自身がそのように説示したことはありません。日蓮を「信じる人」が、日蓮の教えを自らの「信じたい」かたちに改変して、編み出した信仰であることは明らかです。しかも、庶民には難解な教義も作りました。(4)

本書は、「信じさせる人」である日蓮の実像を探究しました。これは後世の上書きを消し、学術的アプローチによって信仰の原形を再現する作業でもありました。この視点は他の宗教や教祖をはじめ、現代における宗教指導者の実像を知る際にも役立つものと信じています。(5) 読者諸賢のご批判を仰ぎたいと思います。

最後に、本書の刊行に際してお世話になった方々に感謝申し上げます。まずはじめに「日蓮と政治」、「日蓮の出自について」、「日蓮と将軍家」の各論考について、終始、大きな助力を惜しまず、ご指導ご教授いただいた東京大学史料編纂所教授の本郷和人先生、温かな励ましを送ってくださった東京大学史料編纂所所長の本郷恵子先生に深く御礼申し上げます。ご夫妻のお力添えなくして三論文を仕上げることは到底できませんでした。また

「日蓮仏法論」は「ミステリーな日蓮」として論創社ホームページ「論創通信」に連載したものです。同社の森下雄二郎さんが粘り強く伴走し支えてくれたお陰でまとめることができました。連載中、読者の皆さまからの反響には本当に勇気づけられました。本書の編集を担当してくれた小田嶋源さん、刊行を快く引き受けてくださった森下紀夫社長に心から感謝申し上げます。本書を今は亡き中西治先生に捧げます。

注

（1）拙著『鉛筆でなぞる「法華経」―「方便品」と「如来寿量品」』所収「万人の成仏を説いた『方便品』」を参照（論創社、二〇二〇）。

（2）たとえば「万人の等しい命」のために所得格差の縮小と社会保障の拡充を実現しようとしたら、どれほどの抵抗・困難があるか。それを地球規模で実現しようとしたら、どうか。個人の特別な悟りを求める生き様との隔絶は明らかだ。

（3）これを釈迦は「唯仏与仏乃能究尽」（『法華経』方便品）と記し、池田大作氏（創価学会三代会長）は「師弟の道」と「師弟不二の道」で対比した（『人間革命』十巻「一念」）。

（4）特徴的な教義の一つに「文底秘沈論」がある。日蓮の南無妙法蓮華経は、釈迦自身が修行した究極の秘法で、これまで法華経の経文の裏に隠されてきたものである、との論考。その論拠の中核を支えるのが、日蓮が「観心本尊抄」で「一念三千殆んど竹膜を隔《へだ》てたり」（定本七一四頁）と述べた部分の解釈だ。日蓮は同書で、智顗（天台大師）の一念三千論を援用して、法華経の前半（迹門）と後半（本門）では説法する釈迦の立場がまったく異なっており、その教説は「竹膜」で分けたように隔絶していると述べた。ところがこの一文を新たな教義では正反対に解釈した。日蓮の立場から見れば、「法華経の前半と後半の違いは『竹膜』で隔てたほどの『わずかな違い』しかない」と日蓮は述べたとしたのだ。そして、これを釈迦に対する日蓮の絶対的な優位を示す証文だとした。「竹膜」も「隔つ」も、どちらも「隔絶」を意味する言葉である。そして、日蓮は「竹膜を隔つ」と、あえて二語を重ねて「隔絶」を強調した。にもかかわらず、これを「わずかな違い」という正反対の意味に変換した。しかも、この解釈は前後の文脈から該当の一文を完全に遊離させた「切り文」の典型である。このように無理を重ねて作られた教義は、難解な語句解釈と論理をもって自己防衛する必要があった。当然、庶民が理解できる平明さはなかった。本書「Ⅳ　日蓮仏法論」注（32）参照。

（5）たとえば戸田城聖氏（創価学会二代会長）と池田大作氏には、自身が特に信頼する少数の側近幹部に語った非公開の言行録が残る。戸田氏の「水滸会記録」と池田氏の「社長会記録」

である。ここには、公開文書では知りえない二人の真意の一端が吐露され、しかも両書には二人の視点と思考の明らかな共通性、通底する思潮が存在する。これらを公開文書（会内向け文書およびマスコミのインタビュー記事等）と併読することで「信じさせる人」の知恵や方便とともに、その苦悩にも触れられる。これは二人と日蓮との異同を論じる際にも有益だ（日蓮は唱題と曼荼羅を念仏と密教から転用し、戸田氏は「人間革命」をキリスト者の南原繁東京大学総長から転用した。また日蓮は「我日本の柱とならむ」と誓願し、戸田氏は岸信介総理と並び座り「宗教界の王者である」と内外に宣言しようと試みる〈昭和三十三年三月十六日、大石寺〉。池田氏は常に「天下を取ろう」と会員を鼓舞して〈『聖教新聞』昭和二十七年三月十日付〉、公明党結党大会の懸垂幕を「日本の柱　公明党」、「大衆福祉の公明党」とした〈昭和三十七年十一月十七日、日本大学講堂〉）。

史料1　「日蓮遷化記」葬送次第

一　御葬送次第

先火　　二郎三郎鎌倉住人

次大宝華　　四郎次郎駿河国富士上野住人

次幡　　左四条左衛門尉（頼基）

　　　　右衛門太夫

次香　　富木五郎入道（常忍）

次鐘　　太田左衛門入道（乗明）

次散華　　南条七郎次郎（時光カ）

次御経　　大学亮

次文机　　富田四郎太郎

次仏　　大学三郎（比企能本カ）

次御はきもの　源内三郎御所御中間

次御棺　御輿也、

侍従公

治部公

左　下野公

蓮華闍

前陣　大国阿闍梨

出羽公

右　和泉公

但馬公

卿公

信乃公

伊賀公

左　摂津公
白蓮阿闍梨
丹波公
右　太夫公
筑前公
輔公
後陣　弁阿闍梨
次天蓋　太田三郎左衛門尉
次御大刀　兵衛志
次御腹巻　椎地四郎
亀王童
次御馬　滝王童
弘安五年十月十六日
執筆日興　花押
（「興尊全集」『鎌倉遺文』一四七二二）

史料2　日蓮遺物配分状

御遺物配分事

註法華経一部十巻　弁阿闍梨
御本尊一体釈迦立像　大国阿闍梨
御馬一疋・小袖一　佐渡公
御太刀一・小袖一・袈裟代五貫文　侍従公和田丸
衣一・小袖一・袈裟一　越前公
御馬一疋鞍皆具、御足袋一、頭帽子、小袖一、　白蓮阿闍梨
御腹巻・銭三貫文　伊予阿闍梨
御馬一疋・小袖一・手鉾　蓮華阿闍梨
御小袖一　卿公

御馬一疋・小袖一・御念珠　筑前公
御小袖一・衣一・帷一　治部公
御小袖一・頭帽子　摂津公
御馬一疋・小袖一　大夫公
御小袖一　丹波公
御小袖一　和泉公
御衣一・銭一貫文　伊賀公
銭二貫文　淡路公
一貫文　寂日房
二貫文　信乃公
一貫文　出羽公
一貫文　帥公
一貫文　越後公
一貫文　但馬公
一貫文　下野公

一貫文　讃岐公
二貫文御布小袖一　妙法房
一貫文馬一疋鞍皆具・染物　富田四郎太郎
一貫文　源内三郎
二貫文　椎路四郎
小袖一　四郎二郎
小袖一　滝王丸
御きぬ一　安房国新大夫入道
御きぬ一　かうし後家尼
御小袖一　安房国浄顕房
御小袖一　同国義成房
御小袖一　同国藤平

右、配分次第如件、

弘安五年十月　日　執筆日興

（「興尊全集」『鎌倉遺文』一四七二三）

＊小袖（絹）は貴重な貨幣の代価物でもあり、贅沢品として禁制もされた（錦昭江「小袖」『「鎌倉遺文」にみる中世のことば辞典』ことばの中世史研究会編、東京堂出版、二〇〇七、一四四頁）。

史料3　大仏宣時「虚御教書」

自武蔵前司殿下佐渡国状

自判在之

佐渡国流人僧日蓮引率弟子等巧悪行之由有其聞所行之企甚以奇怪也。自今以後、於相随彼僧之輩者可令加炳誡。猶以令違犯者可被注進交名之由所候也。仍執達如件。

文永十年十二月七日　　沙門　観恵　上

依智六郎左衛門尉殿

（「法華行者値難事」『昭和定本　日蓮聖人遺文』七九八頁）

【現代語訳】

武蔵前司殿（大仏宣時）が佐渡国に下した書面

宣時の花押がある

佐渡国の流人の僧の日蓮が弟子らを引率して悪行を企んでいるとの情報が寄せられている。そのような企てはまったくけしからんことだ。今後は日蓮に付き従う者は厳罰に処しなさい。さらに違犯があれば名簿を提出するようにとの仰せである。

文永十年十二月七日　沙門　観恵　差し上げます

依智六郎左衛門尉殿

史料４　日蓮赦免状

御免状之事

□《（日）》蓮法師御勘気事、有御免□《（許）》之由、所被仰下也、早可被赦免之由候也、仍執達如件、

文永十一年二月十四日

行兼在判

行平在判

（平）光綱在判

（「肥後本妙寺文書」『鎌倉遺文』一一五四二）

【現代語訳】

赦免状の件

日蓮法師の処罰の件、お許しをするとのことで、決裁を頂戴した。すみやかに解放するようにとの仰せである。

文永十一年二月十四日

行兼　花押がある

行平　花押がある

平　光綱　花押がある

日蓮関連略年譜

年号	西暦	歳	月	関連事項	付記
承久4	一二二二	1	2月	日蓮誕生	
貞永2	一二三三	12		清澄寺　虚空蔵菩薩に誓願	
嘉禎4	一二三八	17	11月	清澄寺　円多羅義集を書写	
建長3	一二五一	30	11月	京都　五輪九字秘釈を書写	2月　鎌倉大火
4	一二五二	31	6月	父　伊東祐時没　68歳	
5	一二五三	32	4月	清澄寺　題目流布を宣言	11月　建長寺創建
文応1	一二六〇	39	7月	立正安国論を上申	
弘長1	一二六一	40	5月	伊東に配流	11月　重時没
3	一二六三	42	2月	赦免	11月　時頼没
文永1	一二六四	43	11月	東条景信が襲撃　工藤討死	
5	一二六八	47	10月	母　千葉成胤の娘没	1月　蒙古国書

8	一二七一	50	同月	評定を求め申状　十一通書		
				忍性・良忠・念空が提訴		
				日蓮陳状を上申		
			5月	訴訟審理を引付から侍所に移管		
			9月	評定で配流決　逮捕　斬首未遂		
			10月	依智本間邸から佐渡へ		
9	一二七二	51	4月	塚原から一の谷へ		
10	一二七三	52	12月	大仏宣時が虚御教書を発給	6月	義政連署
11	一二七四	53	1月	虚御教書を公表		
			2月	評定で赦免決　侍所が免状発給		
			3月	鎌倉へ　金沢実時が衛兵を派遣		
			4月	平頼綱が面会　時宗が祈祷申出		
			5月	身延入山	10月	文永の役
建治2	一二七六	55	4月	池上宗仲が勘当される	9月	時盛遁世
3	一二七七	56	6月	四条頼基に下文　陳状準備	4月	義政遁世
4	一二七八	57	1月	宗仲が赦される　頼基が出仕		

弘安2	一二七九	58	10月	滝泉寺申状　熱原の者ら処刑	7月	元使者斬殺
5	一二八二	61	10月	池上で没		
8	一二八五		4月	日昭申状	11月	霜月騒動

江間浩人（えま・ひろと）
1970 年東京生まれ。仏教系大学卒業後、サラリーマン生活の傍ら日蓮を研究。先哲会会員。本郷和人（東京大学史料編纂所）教授に師事。所収論文の初出は「日蓮と政治」（『法然思想』Vol.4 2016）、『日蓮仏法論』は「ミステリーな日蓮」（論創社 HP 論創通信）を改訂。

日蓮誕生――いま甦る実像と闘争

2022 年 10 月 13 日　初版第 1 刷印刷
2022 年 10 月 30 日　初版第 1 刷発行

著　者　江間浩人
発行者　森下紀夫
発行所　論 創 社
東京都千代田区神田神保町 2-23　北井ビル
tel. 03（3264）5254　fax. 03（3264）5232　web. https://www.ronso.co.jp/
振替口座　00160-1-155266
装幀／宗利淳一
印刷・製本／中央精版印刷　組版／ロン企画
ISBN978-4-8460-2220-4